Seelenpartner
und
Dualseelen

Das Geheimnis der tieferen Verbindung –
Der Schlüssel zu Liebe, Glück
und Harmonie

Barbara Vödisch

Bibliografische Information der Deutschen Nationalbibliothek.

Die Deutsche Nationalbibliothek verzeichnet diese Publikation in der Deutschen Nationalbibliografie; detaillierte bibliografische Daten sind im Internet über http://dnb.dnb.de abrufbar.

Für Fragen und Anregungen:
info@eulogiaverlag.de

ISBN Print: 978-3969673577
ISBN eBook: 978-3969673560

Originale Erstausgabe 2023

Eulogia Verlags GmbH
Gänsemarkt 43
20354 Hamburg

Lektorat: Sandra Pichler
Satz und Layout: Tomasz Dębowski
Cover: nuvolanevicata – Shutterstock.com – bearbeitet von Aleksandar Petrović

Seelenpartner
und
Dualseelen

Das Geheimnis der tieferen Verbindung –
Der Schlüssel zu Liebe, Glück
und Harmonie

EULOGIA
VERLAG

Inhalt

Dieses Buch widme ich meiner seelenverwandten,
verstorbenen Mutter Helga Maria.

Ich verneige mich in tiefer Dankbarkeit vor ihr,
einer der liebevollsten und außergewöhnlichsten Seelen,
denen ich je begegnet bin.

Unsere tiefe Verbindung, unsere Liebe hat mit dem Verlassen ihres Körpers
nicht geendet und übersteht alle Zeit.

Außerdem widme dieses Buch der Liebe selbst.
Mögen alle Menschen Heimat in der göttlichen Liebe finden.
Möge Liebe unsere Welt regieren.

Über die Autorin

Barbara Vödisch ist Expertin für ein neues Bewusstsein, für glückliche Beziehungen und Seelenpartnerschaften. Auf ihrem gleichnamigen YouTube-Kanal spricht sie regelmäßig zu ihren über 10.000 Abonnenten über Spiritualität und Bewusstsein. Sie ist Autorin von dreizehn Büchern und Journalistin M.A.

Seit mehr als zwanzig Jahren berät sie Gründer, Unternehmer, Manager, bekannte Persönlichkeiten, Psychologen, Ärzte, Coaches, Heilpraktiker und viele andere in unterschiedlichen Themen. Sie gibt Ferienseminare und bildet „Experten für ein neues Bewusstsein" aus. Mit ihrem Team organisiert sie große Online Kongresse mit international bekannten Persönlichkeiten.

Seit 35 Jahren lebt sie in einer Seelenpartnerschaft mit Guido, ihrem Mann in den Chiemgauer Bergen und auf Bali.

http://www.barbaravoedisch.de

Was macht eine Dualseelen- und Seelenpartnerschaft eigentlich aus?

„Liebende begegnen sich nicht letztendlich irgendwo.
Sie lebten, der eine in dem anderen, von Anfang an."
Rumi

Ist es eine deiner größten Sehnsüchte, deinen Seelenpartner zu finden und eine glückliche Seelenpartnerschaft zu führen? Ich möchte, dass sich dein Traum erfüllt und dich dabei unterstützen, endlich deinen Seelenpartner zu finden. Wenn du dich in einer Partnerschaft befindest, möchte ich, dass du eine glückliche Partnerschaft führst.

Ich selbst genieße das Glück einer 35-jährigen Seelenpartnerschaft mit meinem Mann Guido.

Eine Seelenpartnerschaft ist anders als jegliche Art von Beziehung. Sie ist voller Wunder und Fügungen. Sie ist kaum in Worte zu fassen und nicht zu erklären.

Es ist magisch, wenn du deinem Seelenpartner, deiner Dualseele begegnest und die große Liebe erleben darfst. Diese Liebe ist größer als alles, was du zuvor erlebt hast. Aber damit einhergehend kann auch der Schmerz, den diese Liebe erzeugen kann, tiefer sein als gewöhnlich.

Die Begegnung mit unserem Seelenpartner ist mehr, als nur verliebt zu sein und Schmetterlinge im Bauch zu haben. Eine Seelenpartnerschaft berührt dich tief. Es ist, als würde der Himmel die Erde berühren, als kämst du endlich zu Hause an. Dein Seelenpartner ist dein passendes Gegenstück. Er erinnert dich an deinen Ursprung, daran, wer du wirklich bist. Im besten Fall an deine eigene innere Vollständigkeit.

Eine Seelenpartnerschaft heißt nicht umsonst Seelenpartnerschaft. Es bedeutet, dass sich zwei Menschen in der Tiefe ihrer Seelen erkennen. Deinen Seelenpartner zu finden oder bereits gefunden zu haben, ist eines der größten Geschenke des Universums. Du hast dein Gegenstück gefunden. Deine Suche endet.

Der Wunsch nach einem Seelenpartner ist der Wunsch nach Verschmelzung, danach, eins zu sein. Es ist die Sehnsucht, dich voll und ganz angenommen zu fühlen, dass dich jemand in der Tiefe deiner Seele versteht. Es ist die Sehnsucht danach, dich fallen zu lassen, ohne dich selbst zu verlieren, angenommen zu werden, ohne Kompromisse zu machen. Es ist wie allein sein, nur besser.

Ich habe viele Menschen dabei unterstützt, glückliche Beziehungen zu führen und ihren Seelenpartner zu finden. Jetzt bist du dran. Falls du bereits in einer Beziehung bist, zeige ich dir, wie du diese in eine glückliche verwandelst.

Aber was ist eigentlich unsere Dualseele, unser Seelenpartner? Zum Thema Dualseelen und Seelenpartner gibt es keine Forschungen. Die Begriffe werden überwiegend im spirituellen Kontext verwendet und unterschiedlich interpretiert. Es gibt also keine allgemeingültige Definition von Dualseelen und Seelenpartnern.

Fest steht nur, dass eine Seelenpartnerschaft die Sehnsucht vieler Menschen ist, die sich nach Liebe, nach Frieden, nach Verschmelzung und nach tiefer Verbundenheit mit ihrem Partner sehnen. Seit jeher verspüren Menschen den Wunsch nach der großen Liebe, um die sich so viele Mythen ranken.

Zwillingsseele, Dualseele, Seelenpartner, letztendlich sind das alles nur Begrifflichkeiten. Ich selbst nutze hier die Begriffe Seelenpartner und Dualseele ausschließlich in Bezug auf eine Partnerschaft, eine romantische Beziehung. Über deine Seelenfamilie, über Seelenverwandte und deinen Seelenort werden wir später noch sprechen.

An sich ist das Thema Seelenpartnerschaft so umfassend, dass ich nicht alles in Worte fassen kann. Hier stößt unser Verstand an seine Grenzen. Letztendlich ist der Wunsch nach einer Seelenpartnerschaft unbewusst das Streben nach der Verschmelzung mit dem Göttlichen. Unbewusst wollen wir dorthin zurückzukehren, wo wir hergekommen sind, bevor wir geboren wurden – in ein Dasein voller Liebe und Frieden, das nur Einheit und keine getrennten Seelen kennt. Eine Seelenpartnerschaft beinhaltet die Möglichkeit, dich wieder eins zu fühlen, nicht nur mit deinem Seelenpartner, sondern auch mit deiner göttlichen Essenz. Natürlich ist die Verschmelzung mit dem Göttlichen auch ohne Seelenpartner möglich. Eine Seelenpartnerschaft kann diesen Prozess aber erleichtern und beschleunigen.

Da mir selbst das Thema Seelenpartnerschaft und Seelenverwandtschaft sehr am Herzen liegt, teile ich in diesem Buch gerne meine Erfahrungen mit Guido, meinem Mann, und aus mehr als 25 Jahren Seminaren und Beratungen mit Tausenden von Menschen. Ich teile mit dir die Geheimnisse, die mir und vielen Menschen geholfen haben, ihren Seelenpartner zu finden und eine erfüllte Beziehung zu führen. Denn das eine ist, deinen Seelenpartner zu finden, das andere, eine langjährige glückliche Seelenpartnerschaft zu leben.

Unsere Dualseele, unser Seelenpartner ist aus derselben Seelenessenz entstanden wie wir. Eineiige Zwillinge besitzen dieselbe genetische DNA. Dualseelen, Seelenpartner dieselbe Seelen-DNA. Eineiige Zwillinge sind einzigartig als Menschen, obwohl sie dieselbe körperliche DNA teilen. Auch Seelenpartner sind einzigartig, obwohl sie dieselbe Seelenessenz teilen.

Mystiker, Philosophen, Weise wie **Platon, Khalil Gibran, Rumi, Osho, der Dalai Lama** und verschiedene Religionen beschreiben Seelenpartnerschaften und Dualseelen anhand poetischer Metaphern bis hin zu philosophischen und religiösen Betrachtungen. Sie beziehen Aspekte wie Verbundenheit, die Suche nach Vollständigkeit, nach Einheit, innerem Wachstum, Erleuchtung und Freiheit mit ein. Sie haben alle versucht, diese außergewöhnliche Verbundenheit, diese tiefen und bedeutsamen Beziehungen zwischen Menschen zu erfassen. Sie waren sich bewusst, dass es besondere, außergewöhnliche, Beziehungen gibt, die unbeschreiblich und unerklärbar sind und in kein Konzept passen.

Platon spricht über eine Teilung der Seelen, darüber, dass Menschen ursprünglich mit einem anderen Wesen vereint waren und sich danach sehnen, ihre andere Hälfte zu finden, um sich vollständig zu fühlen.

Er spricht in seinem Werk „Symposion" ausführlich über Dualseelen, über verschiedene Aspekte der Liebe und über Seelenverwandtschaft. Laut seinem Dialog „Liebesmythos" wurden die Menschen zu Beginn der Zeit mit einer runden Natur geschaffen, bestehend aus vier Armen, vier Beinen und einem gemeinsamen Kopf. Diese Kreaturen wurden mächtig und arrogant, sodass die Götter beschlossen, sie zu spalten, um ihre Macht zu begrenzen. Nach der Trennung wurden die Menschen von der Sehnsucht erfüllt, ihre andere Hälfte zu finden, um wieder vollständig zu sein.

Seine Beschreibung wird als eine der ersten Betrachtungen von Dualseelen und Seelenpartnern gesehen.

Platon betont auch, dass die Liebe und Anziehung zwischen den beiden getrennten Seelen ein Streben nach Einheit und spiritueller Verbindung ist. Es ist die Sehnsucht, wieder vollständig in unsere göttliche Natur einzutauchen. Nach Platon beschränkt sich diese Sehnsucht nach Vereinigung nicht nur auf romantische Beziehungen, sondern existiert auf allen Ebenen der Liebe.

Aus Platons Sicht ist die Seelenpartnerschaft und -verwandtschaft eine Möglichkeit, spirituelles Wachstum zu erreichen, sich gegenseitig zu unterstützen und Weisheit zu erlangen.

Rumi, der persische Mystiker des 13. Jahrhunderts, hat ebenfalls eine sehr umfassende Sicht auf Seelenpartnerschaften, auf die tiefe Verbindung zweier Seelen.

In seinen Gedichten und Lehren spricht er darüber, dass Seelenpartnerschaften von der Suche nach Vereinigung mit dem Göttlichen und der Erfahrung einer tiefen spirituellen Verbundenheit geprägt sind. Wahre Liebe existiert, laut Rumi, jenseits der physischen Welt. Sie beinhaltet eine Vereinigung auf der spirituellen Ebene, die die Grenzen des Körpers und der materiellen Realität übersteigt.

Er spricht von der Liebe als eine Reise der Seele, die uns mit der göttlichen Liebe vereint. Auch er betrachtet Seelenverwandtschaft als eine Möglichkeit, um wieder in die Einheit, in die göttliche Liebe einzutauchen. Die Sehnsucht, die uns antreibt, unser Gegenstück zu finden, sieht er als unseren Wunsch an, unsere göttliche Natur zu erkennen.

Rumis Sichtweise auf Dualseelen betont die Vereinigung mit dem Göttlichen und die Bedeutung der Seelenverwandtschaft bei unserer inneren Entwicklung. Seiner Meinung nach unterstützen uns Begegnungen mit Seelenverwandten dabei, unser eigenes Potential zu entfalten und höhere Ebenen des Bewusstseins zu erreichen.

Rumi betont auch, dass alle Seelen letztendlich aus derselben Quelle stammen und miteinander verbunden sind.

Khalil Gibran, der libanesisch-amerikanische Dichter und Philosoph, geht in seinem Werk „Der Prophet“ davon aus, dass eine Seelenpartnerschaft eine Verbindung auf einer tieferen Ebene ist. Beide Partner sollen hierbei ihre Individualität bewahren und einander Raum geben, um zu wachsen und zu erblühen. Wichtig sei in einer Seelenpartnerschaft besonders das individuelle Wachstum. Wahre Liebe beruhe nicht auf Besitz oder Kontrolle, sondern darauf, einander zu unterstützen und zu fördern.

Gibran beschreibt auch, dass Seelenpartnerschaft nicht durch Äußerlichkeiten bestimmt wird, sondern durch die tiefe Verbindung zweier Seelen. Wie auch Rumi spricht er davon, dass Seelenpartnerschaften aus der Sehnsucht nach Einheit und Vollständigkeit entstehen.

Er beschreibt diese besondere Beziehung als einen Prozess, bei dem zwei Individuen ihre einzigartigen Talente einbringen und gemeinsam eine tiefere Ebene der Ganzheit erreichen.

Auch der amerikanische Philosoph des 19. Jahrhunderts **Ralph Waldo Emerson** spricht in seinen Schriften über Seelenverwandtschaft. Er betont die Bedeutsamkeit von Beziehungen, die auf einer tiefen Verbundenheit zwischen den Seelen beruhen. Laut Emerson teilen Seelenverwandte oft ähnliche Werte, Interessen, Visionen und Ziele und können sich dabei unterstützen, diese zu verwirklichen. Gemeinsam können sie ihr volles Potential entfalten, ihre Leidenschaften verfolgen und ihre Talente entwickeln.

Ihre Verbindung basiert auf einer tiefen geistigen Übereinstimmung. Ähnlich wie Gibran spricht Emerson darüber, dass es in Seelenpartnerschaften wichtig ist, bei aller Verbundenheit unsere Individualität und Eigenständigkeit zu bewahren.

Osho, der indische Lehrer und Philosoph, meint, dass Seelenverbindungen nicht dazu da sind, um uns zu vervollständigen, sondern um uns daran zu erinnern, wer wir wirklich sind. Osho sah eine Seelenpartnerschaft als eine Beziehung an, in der wir uns auf einer tieferen Ebene verbunden fühlen, als wir es jemals zuvor erlebt haben. Er bezeichnet Seelenpartnerschaften als einen Tanz der Energien, in dem sich zwei Menschen gegenseitig bestärken, ihr höchstes Potential zu entfalten. Seelenverbindungen sind laut Osho auch ein Spiegel, der uns hilft, uns selbst und unser Potential, aber auch unsere Schatten zu erkennen. Eine Seelenpartnerschaft sei nicht immer einfach, da sie uns herausfordert, alte Muster und Begrenzungen loszulassen und uns auf Wachstum einzulassen.

Seelenverbindungen beschränkt Osho nicht nur auf romantische Beziehungen, sondern dehnt sie auch auf Freunde, Familienmitglieder oder Mentoren aus.

Der **Dalai Lama** meint, dass wenn zwei Menschen auf einer tieferen Ebene miteinander in Resonanz gehen, die Möglichkeit besteht, sich gegenseitig auf dem Weg zur Erleuchtung zu unterstützen.

Für ihn basiert das Gefühl zweier Seelen, sich schon seit Ewigkeiten zu kennen, darauf, dass wir schon in vergangenen Leben eine gemeinsame Geschichte hatten.

Er sieht eine Seelenpartnerschaft auch als Ausdruck von Mitgefühl und Liebe, die uns helfen kann, unsere eigene spirituelle Entwicklung und die des anderen voranzutreiben. Eine Seelenverbindung ist für ihn eine Gelegenheit für inneres Wachstum. Das Pflegen einer Seelenpartnerschaft und von Seelenverwandtschaften sind für den Dalai Lama von großer Bedeutung, um Harmonie und Frieden in der Welt zu schaffen.

Im Hinduismus gibt es viele konkrete Hinweise über Seelenpartner, Dualseelen und Seelenverwandtschaft.

Der Hinduismus geht davon aus, dass Seelen über viele Inkarnationen miteinander verbunden sind, sei es als Seelenpartner oder als Familienmitglieder oder Freunde. Hinduisten glauben, dass wir immer wieder Beziehungen mit denselben Seelen eingehen, uns gegenseitig durch unsere enge Verbindung und unsere gemeinsamen Lebensaufgaben anziehen.

Überrascht hat mich bei meinen Recherchen, dass der hinduistische balinesische Glaube, der auch von Naturreligionen beeinflusst ist, eine besonders umfassende Sichtweise auf Seelenverwandtschaften, Dualseelen und Seelenfamilien zu haben scheint. Denn „zufällig" ist Bali mein zweites Zuhause, wo ich einen Großteil des Jahres lebe. Im balinesischen Glauben wird davon ausgegangen, dass Seelenverwandtschaften nicht auf eine bestimmte Lebenszeit oder Inkarnation beschränkt sind und Seelenpartner sich nicht zum ersten Mal begegnen, sondern eine innige Beziehung schon über diese Inkarnation hinaus besteht. So finden verwandte Seelen durch eine starke

Anziehung wieder zueinander, erkennen einander wieder und intuitiv die Bedürfnisse und Gefühle des anderen. Im balinesischen Glauben werden Rituale genutzt, um die geistige Verbundenheit und das gemeinsame Wachstum zu fördern.

Die Verbundenheit zwischen Seelenverwandten wird im balinesischen Glauben als etwas Einzigartiges und Tiefgründiges betrachtet. Demnach sollen Seelenverwandte gemeinsam Herausforderungen besser meistern.

Der balinesische Glaube betrachtet Seelenverwandtschaft auch als Möglichkeit der gegenseitigen Ergänzung und als Quelle der Heilung. Durch die enge Bindung können wir unsere Wunden heilen, alte Muster durchbrechen und transformieren. Die gegenseitige Unterstützung soll auch die Auflösung karmischer Verstrickungen ermöglichen. Verwandte Seelen können durch ihre tiefe Verbundenheit einander helfen, vergangene Verletzungen und Blockaden zu lösen und sich auf eine höhere Ebene des Bewusstseins zu begeben.

Balinesen glauben auch, dass Seelenverwandtschaften von göttlicher Führung und Bestimmung geleitet werden. Es wird außerdem angenommen, dass Seelenverwandte eine gemeinsame Bestimmung haben, sei es im gesellschaftlichen Dienen, in der spirituellen Praxis oder im gemeinsamen Wirken für das Wohl der Welt.

Im balinesischen Glauben gibt es allerdings keine spezifische Vorstellung von Dualseelen. Stattdessen wird von einer spirituellen Einheit gesprochen, bei der zwei Seelen verschmelzen, als Verbindung zwischen männlichen und weiblichen Energien, die sich ergänzen.

Seelen sollen in Gruppen oder Seelenfamilien inkarnieren. Mitglieder einer Seelenfamilie haben eine tiefe und enge Verbindung zueinander. Sie können als Geschwister, Freunde oder Partner in verschiedenen Inkarnationen auftreten.

Es ist wichtig zu beachten, dass der balinesische Glaube vielfältig ist und von Dorf zu Dorf, von Familie zu Familie variieren kann.

Auch **im Christentum** gibt es Hinweise, die als Seelenpartnerschaft betrachtet werden können. Denn die Ehe wird als eine von Gott geführte Verbindung betrachtet, basierend auf einer tiefen geistigen Verbundenheit. Paare werden als geistige Einheit betrachtet, die von Gott zusammengeführt wurde. In der Genesis 2,24 heißt es: „Darum wird der Mann Vater und Mutter verlassen und an seiner Frau hängen, und sie werden ein Fleisch sein."

Dass Ehepartner „zu einem Fleisch" werden, beinhaltet mehr als nur die körperliche Vereinigung, sondern eine tiefe geistige und emotionale Verbundenheit. Zwei getrennte Individuen werden zu einer Einheit, in der sie einander geistig, emotional und körperlich ergänzen.

Papst Johannes Paul II. hat immer wieder die Bedeutung von Liebe, geistiger Verbundenheit und gegenseitiger Unterstützung betont. In seiner Enzyklika *Familiaris Consortio* sagt er, dass die Liebe in der Ehe und Partnerschaft über rein emotionale Bindungen hinausgehen sollte. Er betont die Wichtigkeit geistiger Verbundenheit, die auf gegenseitigem Respekt und dem Streben nach gemeinsamen Zielen beruht, und dass wahre Liebe die Fähigkeit ist, sich selbst zu verschenken und den Partner bedingungslos anzunehmen.

Meine Forschungen zeigen, sowohl durch meine eigene Erfahrung mit meinem Mann als auch in der Arbeit mit vielen Menschen, dass Seelenpartnerschaften durch bestimmte Faktoren geprägt sind.

Bei allen ist das Gefühl vorhanden, sich ewig zu kennen, das Gefühl des Wiedertreffens, des Wiedererkennens. Ob man das mit dem Wiedererkennen aus vergangenen Leben, wie im Buddhismus oder Hinduismus, gleichsetzen möchte, bleibt jedem selbst überlassen. Egal, ob wir an vergangene Leben, an Karma glauben oder nicht, feststeht, dass Seelenpartnerschaften von einem tiefen Wiedererkennen geprägt sind, von dem Gefühl, sich bereits ewig zu kennen.

Ein weiterer Punkt ist, dass sich Seelenpartner in der Tiefe ihrer Seele verwandt und angenommen fühlen. Sie erfahren das Gefühl von

Einheit und die getrennte Person kann sich in etwas größerem Gemeinsamen auflösen.

Manche Seelenpartner haben auch eine gemeinsame größere Aufgabe, eine berufliche, spirituelle oder gesellschaftliche Mission, worauf ich später noch näher eingehe.

Meine eigene Erfahrung ist auch, dass eine Seelenpartnerschaft eine Brücke sein kann, um ganz in die Einheit mit unserem Ursprung einzutauchen.

Neben den unglaublichen Geschenken einer Seelenpartnerschaft ist aber auch nicht zu vergessen, dass sie Herausforderungen mit sich bringen kann. Langjährige Seelenpartnerschaften setzen in meiner Beobachtung eine bestimmte Liebesfähigkeit und seelische Reife voraus, einen tiefen Zugang zur Liebe und zur eigenen Seele.

Die Geschenke einer Seelenpartnerschaft sind unbeschreiblich: tiefe Verbundenheit, gegenseitige Unterstützung, gemeinsame Ziele, tieferes Verständnis auch ohne Worte, Entfaltung der Talente und des eigenen Potentials, tiefe Glücksmomente und das Betreten höherer Ebenen des Bewusstseins. Eine glückliche Seelenpartnerschaft ist geprägt von einer Liebe, die stärker ist als alle Hindernisse, als jegliche irdische Begrenzung. Eine Seelenpartnerschaft kann dich zeitweise aus der Dualität der Welt in die Dimension der Energien und Körperlosigkeit entheben. Sie unterstützt dich dabei, dein Ego zu überwinden und führt dich in die Einheit. Das heißt nicht, dass du deinen individuellen Charakter aufgibst, sondern nur, dass eine Vereinigung auf einer höheren Ebene stattfinden kann. Seelenpartner können Liebe auf einer tiefen Ebene erfahren und weiterverschenken.

Oftmals dient ihre Partnerschaft dazu, Liebe auf der Erde zu verankern. Ihre Beziehung kann als Vorbild dienen in einer Welt, in der Trennungen, Streitereien, Machtspiele und Einsamkeit auf der Tagesordnung stehen. Voraussetzung ist die Bereitschaft, unsere Seele und die Liebe über unser Ego, unsere Verletzungen, über Gefühle von Angst, Macht und Ohnmacht zu stellen.

Auch wenn nicht jede Seelenpartnerschaft ein ganzes Leben übersteht, die seelische Verbindung bleibt auch nach einer Trennung bestehen. Sie können auf der energetischen Ebene betrachtet nicht von den Herausforderungen der Zeit und der irdischen Existenz zerstört werden.

Frage dich, egal, ob du deinen Seelenpartner gefunden hast oder noch nach dem Richtigen suchst:

Was ist ein Seelenpartner, eine Seelenpartnerschaft für dich? Beschreibe sie mit deinen eigenen Worten.
Was wünscht du dir von einer Seelenpartnerschaft?

Wie stellst du dir eine Partnerschaft mit deinem Seelenpartner vor?

Welche Ziele verfolgt ihr gemeinsam?

Welche Bedürfnisse sind in dir besonders ausgeprägt, die du in einer Seelenpartnerschaft erfüllt sehen möchtest?

Wonach sehnst du dich? Was fehlt dir, was erhoffst du dir von einer glücklichen Seelenpartnerschaft?

Nimm dir Papier und einen Stift zur Hand und beantworte diese Fragen ganz ehrlich.

Wie erkennst du deine Dualseele, deinen Seelenpartner?

Ihr tauscht ein paar Sätze aus und irgendwie passt alles. Du hast das Gefühl des „Nach-Hause-Kommens". Du verspürst eine unfassbare Energie und Verbindung zwischen euch. Ihr erkennt euch sofort wieder. Ihr verliert jegliches Zeitgefühl und bewegt euch jenseits von Raum und Zeit. Ihr habt das Bedürfnis, ständig zusammen zu sein. Ihr fühlt eine tiefe Verbundenheit, die nicht mit Worten beschrieben werden kann.

Wenn du das Glück hast, deine Dualseele, deinen Seelenpartner getroffen zu haben, wirst du nicht mehr nach jemand anderem suchen, weil du dich zum ersten Mal in deinem Leben in einer Beziehung angekommen fühlst.

An sich ist das Erkennen deines Seelenpartners einfach. Wenn du deinen Seelenpartner gefunden hast, weißt du das. Du spürst, dass dies deine andere Hälfte, die perfekte Ergänzung, dein Gegenstück ist. Du weißt, dass er der Richtige für dich ist. Du hast innere Gewissheit.

Falls du aber trotzdem befürchtest, deinen Seelenpartner nicht zu erkennen, sei beruhigt: Du wirst es merken. Denn dein Seelenpartner zieht dich magisch an. Und zwar nicht nur im Sinne einer typischen Verliebtheit oder einer erotischen Anziehung, sondern vor allem in Form einer energetischen.

Viel wichtiger aber als all diese für Seelenpartnerschaften typischen Erfahrungen ist dein eigenes Gefühl. Obwohl es diese typischen Merkmale gibt, kann bei dir alles anders sein. Wenn du einige Enttäuschungen hinter dir hast, nicht so klar mit deinen Gefühlen und deiner Seele verbunden bist, brauchst du vielleicht etwas Zeit, um deinen Seelenpartner zu erkennen.

Vielleicht bist du dir zunächst nicht sicher und hast mit Zweifeln und Widerständen zu kämpfen, obwohl eure Liebe offensichtlich ist. Vielleicht zeigt deine Begegnung mit deinem Seelenpartner anfangs nicht alle Anzeichen, sondern erst im Laufe der Zeit.

Oder aber du erkennst deinen Seelenpartner direkt im ersten Moment. Vielleicht spürst du sofort, dass das eine außergewöhnliche, dein Leben verändernde Liebesbeziehung ist, dass es die große Liebe deines Lebens ist.

Jede Seelenpartnerbegegnung ist einzigartig.

Als ich meinen Mann Guido mit 21 Jahren kennenlernte, war ich mir bei unserer ersten Begegnung nicht sofort bewusst, dass das der Beginn einer bis zum heutigen Zeitpunkt 35-jährigen Seelenpartnerschaft sein könnte.

Wir begegneten uns in einem Salsa-Café. Ich hatte so viele schwierige Erfahrungen mit Männern gemacht, dass ich keinen Partner mehr haben und lieber alleine bleiben wollte, als einen Kompromiss einzugehen und eine halbwegs erträgliche Beziehung zu führen. Denn das hätte sich wie Verrat an der Tiefe meiner Liebe angefühlt, meines Wissens um eine außergewöhnliche Liebe, die größer ist als unsere Person.

In diesem Salsa-Café sitzend, fühlte ich mich jedenfalls von seinen Augen – von einer Empore zu mir blickend – wie magisch angezogen. Ich fühlte allerdings nur die Intensität seiner Augen, konnte auf die Entfernung aber kein Gesicht dazu erkennen.

Als Guido mich dann ansprach, hatte ich das Gefühl, ihn ewig zu kennen. Wir haben die ganze Nacht über Gott und die Welt und über unser Leben gesprochen und tiefste Empfindungen, Gedanken und Erfahrungen miteinander geteilt. Für zwei Menschen, die sich zum ersten Mal zu begegnen schienen, waren wir uns unerklärbar vertraut. Ihm in die Augen zu schauen, war wie in die Tiefe seiner Seele zu blicken und mit dem Gefühl einer unglaublichen Nähe verbunden.

Auf die Idee, dass er einmal mein Partner sein und wir heiraten würde, kam ich allerdings nicht, da ich ja mit Männern abgeschlossen hatte. Hinzukam, dass er eigentlich gar nicht mein Typ war. Ich hatte mich zuvor immer in Männer verliebt, die ganz anders waren als er und mir gar nicht guttaten. Ich hatte in jungen Jahren schon so viele schwierige Erfahrungen gemacht, trug tiefe Wunden in mir, die normalerweise für ein ganzes Leben reichen.

Mein Gefühl bei unserer ersten Begegnung war ganz klar: Ich habe endlich einen guten männlichen Freund gefunden, mit dem ich auf eine besondere Weise verbunden bin. Bis zu diesem Zeitpunkt war es für mich nie möglich, rein freundschaftliche Beziehungen mit Männern zu führen. Denn meistens wollten sie eine Liebesbeziehung und keine Freundschaft. Guido versuchte auch gleich am ersten Abend sich mir körperlich anzunähern, berührte meine Hand immer wieder, die ich ihm allerdings sofort wieder entzog.

Das Markante unserer Begegnung war die Tiefe unserer Verbindung, diese vertrauten Augen und das Gefühl, wirklich verstanden zu werden. Es war, als wenn wir uns schon ewig kennen und uns nur wieder begegnen würden. Eine Woche nach unserer Begegnung waren wir allerdings bereits zusammen. Von da an verbrachten wir jede freie Minute miteinander, hatten das Bedürfnis, alles zusammen zu machen, und waren über zehn Jahre lang so gut wie nie örtlich getrennt.

Interessant ist auch, dass ich, obwohl als Kind und Jugendliche keineswegs verträumt, sondern praktisch, sportlich und nüchtern veranlagt, immer das Gefühl hatte, noch einen Zwilling zu haben. Ich wusste, dass ein Mensch existiert, der mir fehlt, der mir ungewöhnlich nah ist, zu dem ich gehöre – und er zu mir.

Zwischen 14 und 15 Jahren wurde mir bewusst, was offensichtlich war: Dass ich keinen Zwilling hatte. Trotzdem trug ich dieses Gefühl, auf jemanden zu warten, zu dem ich gehöre, immer in mir. Ich hatte das unerklärbare Gefühl, dass ein Mensch existiert, der die perfekte Ergänzung zu mir ist. Das war aber zunächst in mir weniger in Form eines männlichen Gegenstücks präsent als in Form eines Menschen.

Ich erinnere mich auch daran, dass meine Tante eine meiner Cousinen und mich, als wir neun Jahre alt waren, fragte, welchen Mann wir uns wünschen. Ich antwortete: „Ich wünsche mir einen Mann, den ich über alles liebe und der mich über alles liebt und mit dem ich mein ganzes Leben zusammen und glücklich sein werde." Meine Cousine sagte: „Mein Mann soll reich sein." Und wie das Leben so will, schenkte es mir Guido, der mich über alles liebt und mit dem ich schon so lange zusammen bin. Meine Cousine bekam auch genau das, was sie wollte. Sie heiratete einen reichen Mann.

Ganz egal, was du dir wünschst: Um deine Dualseele zu erkennen, ist es wichtig, mit dem Herzen zu sehen. Vielleicht entspricht dein Seelenpartner, wie es bei mir der Fall war, im ersten Moment nicht deinen Vorstellungen, weil du mit dem Thema abgeschlossen oder wie ich falsche Erwartungen hast. Um deinen Seelenpartner zu erkennen, ist es wichtig, mit deiner Seele verbunden zu sein und dich nicht von Äußerlichkeiten beeinflussen zu lassen. Es gilt, dein Herz sprechen zu lassen. Denn nur deine Seele kann deinen Seelenpartner in der Tiefe erkennen. Da die Begegnung von Seelenpartnern außerdem meist von Fügungen begleitet wird, vertraue dich der Weisheit und Führung des Universums an.

Gerne gebe ich dir jetzt noch markante Hinweise, die dir ein tieferes Verständnis dafür geben, wie du deine Dualseele, deinen Seelenpartner erkennen kannst. Über allem steht aber, dass du deiner eigenen Intuition und inneren Führung vertraust.

Du spürst eine intensive, eine magnetische Anziehungskraft

Wenn du deine andere Hälfte triffst, fühlst du dich sofort zu ihr hingezogen. Eine Seelenpartnerverbindung zeichnet sich durch eine intensive Verbindung aus, eine tiefe energetische Resonanz. Du spürst eine starke magnetische Anziehungskraft und Vertrautheit. Diese Anziehungskraft kann zwar auch körperlich sehr stark sein, geht aber vor allem über das Physische hinaus und umfasst eine tiefe Seelenverbindung.

Ihr genießt es, so oft wie möglich zusammen zu sein. Ihr kommt irgendwie nicht voneinander los. Und das, was ihr erlebt und fühlt, kann sich zeitweise wie nicht von dieser Welt anfühlen.

Ihr versteht euch auch ohne Worte

Du hast das Gefühl, dass dein Seelenpartner dich besser versteht als jeder andere. Ihr versteht euch wortlos. Ihr habt oft dieselben Gefühle und Gedanken und erfasst die Bedürfnisse des anderen intuitiv. Ihr verständigt euch manchmal nonverbal. Eure Kommunikation findet oftmals auf einer höheren, feinstofflichen Ebene statt.

Ihr ergänzt euch gegenseitig

Wie zwei Puzzleteile passen eure beiden Hälften ineinander. Eure Talente, Schwächen und Stärken ergänzen sich perfekt und ergeben eine Einheit. Ihr inspiriert einander und unterstützt euch, euer Potential zu entfalten. Du empfindest deinen Seelenpartner als die perfekte Ergänzung. Es fühlt sich an, als ob ihr zwei Hälften seid, die ein vollständiges Ganzes ergeben.

Du bekommst Zeichen

Treten immer wieder eigenartige „Zufälle“, synchrone Ereignisse, unerwartete Gemeinsamkeiten, spezielle Begegnungen und ähnliche Lebenserfahrungen auf? Vielleicht versucht ihr einander immer wieder zur selben Zeit zu erreichen, begegnet euch überraschend und denkt gleichzeitig aneinander.

Diese Zeichen können darauf hinweisen, dass du deinem Seelenpartner begegnet bist. Wichtig ist, diese Zeichen aber auch nicht über zu interpretieren.

Du verspürst Zeitlosigkeit

Wenn du mit deinem Seelenpartner zusammen bist, scheint die Zeit still zu stehen. Du hast ein Gefühl von Zeitlosigkeit, als ob eure Liebe seit einer Ewigkeit besteht. Besonders, wenn du deinem Seelenpartner in die Augen schaust, ist es, als würde sich eure Liebe jenseits von Raum und Zeit bewegen. Du hast das Gefühl, dass du mit ihm schon zusammen warst, bevor du geboren wurdest und auch noch zusammen sein wirst, wenn du deinen Körper verlässt.

Ihr teilt viele Interessen

Ein weiteres Anzeichen kann sein, dass ihr dieselben Hobbys und Interessen teilt. Vielleicht singt ihr gemeinsam, liebt die Berge, seid beide sportlich oder musikalisch begabt, steht auf Spiritualität, liebt die Börse, habt ein Interesse an Start-ups oder liebt Tiere über alles. Vielleicht teilt ihr auch dieselben Lebensträume oder du fühlst dich durch deinen Partner so gestärkt, dass du Dinge tust, die du dich früher nie getraut hättest.

Du kannst tiefe Spiritualität erfahren

Eine Verbindung mit deinem Seelenpartner kann auch zu einem spirituellen Erwachen führen. Du spürst, dass da mehr ist als eine romantische Liebe, als die Anziehung eurer Körper. Eure Verbindung kann eine Möglichkeit sein, dich eine Liebe erfahren zu lassen, die größer ist als deine Person. Sie kann dir dabei helfen, dein Bewusstsein zu erweitern und die Einheit mit dem Göttlichen zu erfahren. Gemeinsam könnt ihr höhere Bewusstseinsebenen betreten. Wichtig ist, die Erfahrung purer Liebe auch über euer Zusammensein hinaus auf die universelle Liebe auszudehnen.

Ihr habt eine gemeinsame Aufgabe und verfolgt höhere Ziele

Manche Dualseelen, Seelenpartner haben eine gemeinsame Mission in ihrem Leben. Gemeinsam sollt ihr der Welt auf eine besondere Weise dienen und positive Spuren hinterlassen. Eure gemeinsame Aufgabe kann darin bestehen, anderen zu helfen, ein neues Bewusstsein in die Welt zu bringen, gemeinsam ein erfolgreiches Unternehmen zu gründen, in der Heilungsarbeit oder in anderen Projekten zusammenzuarbeiten, die anderen dienen.

Eure Augen erkennen sich

Die Augen deines Seelenpartners sind dir von Beginn an vertraut? Ein Blick in die Augen löst Verbundenheit aus? Nicht umsonst gelten die Augen als das Fenster zur Seele. Nicht umsonst sprechen wir von der Liebe auf den ersten Blick. Ein Blick in die Augen kann genügen, um deinen Seelenpartner zu erkennen.

Dennoch muss eine Seelenpartnerschaft nicht immer Liebe auf den ersten Blick sein. Sie kann sich auch erst auf den zweiten einstellen.

Folge deiner inneren Führung und achte auf Fügungen

Oftmals führen dich eine Reihe von Fügungen zu deinem Seelenpartner. Deswegen ist es wichtig, auf deine innere Führung zu vertrauen und den Zeichen zu folgen, die das Universum dir sendet. Richte dich auf dein Herz, deine Intuition und die subtilen Hinweise im Alltag aus.

Du hast ein Gefühl von Heimkehr und fühlst dich vollständig

Du hast das Gefühl, dass etwas in deinem Leben fehlte, bevor du deinen Seelenpartner kennengelernt hast. Mit deinem Seelenpartner fühlst du dich wie zu Hause angekommen. Du hast ein Gefühl der Vollständigkeit.

Nicht immer ist das Gefühl von Heimkehr sofort in einer Seelenpartnerbeziehung vorhanden. Es kann sich erst auch im Laufe der Zeit entwickeln. Auch wenn du gut allein glücklich sein kannst, kann dein Seelenpartner trotzdem ein Gefühl irdischer Vollständigkeit auslösen.

Lerne zu unterscheiden

Sind wir in unseren Mustern, mangelnder Selbstliebe und in alten Verletzungen gefangen, kann es sein, dass wir eine extrem starke Anziehung zu einem Menschen fühlen, den wir für unseren Seelenpartner halten, der es aber definitiv nicht ist. Vielleicht fühlst du dich zu jemandem hingezogen, der vergeben ist oder deine Liebe nicht in der Form erwidert, wie du es dir wünschst. Dieses Gefühl von Zurückweisung kann in uns so starke Gefühle des Begehrens, der Liebe freisetzen, dass wir glauben, den Richtigen gefunden zu haben.

Diese Liebe ist deswegen so stark, weil sie keine ausreichende Antwort erfährt, sie so viel Raum für Begierde, für Wünsche und unerfüllte Träume lässt. Manchmal wollen wir nicht akzeptieren, dass wir etwas nicht bekommen, das wir uns sehnlichst wünschen. Bei einigen fällt die Liebe, wenn der Partner sie plötzlich erwidert, wie ein Kartenhaus in sich zusammen. Denn die Intensität der Liebe hatte ihre Wurzeln in Unerreichbarkeit, darin, sie nur auf Distanz zulassen zu können.

Deswegen ist wichtig zu erkennen, dass es sich nicht um die große Liebe handelt, sondern die Liebe aus Angst vor Nähe und aus alten Wunden erwachsen ist. Das Universum versucht dich dann auf verschiedene Art und Weise darauf hinzuweisen, dass die Person, die du für deinen Seelenpartner hältst, in Wahrheit nicht dein Seelenpartner ist. Das Universum versucht dir zu sagen, dass es weise ist, loszulassen, und dass du dich für die Liebe deines wahren Seelenpartners öffnen sollst.

Wenn du den falschen Menschen für deinen Seelenpartner hältst, erzeugt das Leiden. Dann kannst du, egal, was du tust, egal, wie lange du wartest, die Tatsache nicht ändern, dass dieser Mensch nicht dein Seelenpartner ist. Du versuchst etwas zu erzwingen, das nicht im göttlichen Plan liegt. Außerdem lässt sich Liebe nicht erzwingen, vor allem nicht beim falschen Partner. Lass ihn los. Denn du verhinderst damit nur, dass das Universum dir deinen wirklichen Seelenpartner schickt.

Ich selbst habe, bevor ich Guido kennengelernt habe, schon einmal geglaubt, meine große Liebe gefunden zu haben. Dieser Mann war in einer Beziehung und 13 Jahre älter als ich. Er wollte eine Art Nebenbeziehung mit mir, während ich an Treue, an die große Liebe glaubte. Ich verliebte mich vor Guido immer in Männer, die auf allen Hochzeiten tanzten. Dabei bin ich selbst, obwohl ich grundsätzlich das Abenteuer des Lebens liebe, im Herzen grundsolide, beständig und voller Bereitschaft, für die Liebe alles zu geben. Eigentlich war von Anfang an offensichtlich, dass keiner der Männer, in die mich vor Guido verliebte, zu mir passte.

Mit 18 Jahren dachte ich sogar, ohne meine große Liebe nicht überleben zu können, so sehr glaubte ich, diesen Mann zu lieben. Ich war jung und noch nicht fähig zu erkennen, wer und was mir wirklich guttat. Es waren wundervolle Männer, aber einfach nicht die richtigen für mich. Alle Verletzungen, die sie mir zugefügt haben, habe ich selbst verursacht, indem ich nicht gut genug auf mich geachtet habe.

Letztendlich aber haben mir all diese schwierigen Erfahrungen geholfen, klar zu werden und zu erkennen, was ich nicht will. Sie haben mir geholfen, standhaft zu bleiben in meinem Empfinden, dass es eine tiefe Seelenliebe gibt, die im Himmel geschlossen wurde und die Einheit mit allem Sein einschließt.

Heute bin ich sehr dankbar, dass mein damaliger größter Wunsch, mit meiner scheinbar großen Liebe zusammen zu leben, nicht in Erfüllung gegangen ist. Das Universum hatte Besseres mit mir vor. Es hat mir meinen größten Wunsch erfüllt, eine Liebe zu leben, die nicht von dieser Welt ist, und mich in der Liebe des größeren Ganzen geborgen zu fühlen. Das Universum half mir, die Erinnerung daran, wo ich herkam, bevor ich meinen Körper angenommen habe, ein Dasein voller Liebe und Frieden nicht zu vergessen und vor allem nicht durch falsche Kompromisse zu verraten.

Ich bin zutiefst dankbar, dass das Universum meinen Wunsch, mit dem Mann zusammen zu sein, den ich fälschlicherweise für meine große Liebe hielt, nicht erfüllt hat. Stattdessen hat es meinen wirklichen Wunsch nach der tiefen Verbundenheit mit einem Partner, der mich wirklich liebt, ermöglicht.

Ich kann dir nur raten, dich der Führung, der Weisheit des Universums anzuvertrauen. Wir selber wissen manchmal gar nicht, was wirklich für uns gut ist. Egal, ob du sozusagen in den „falschen Partner" verliebt bist oder in deiner bestehenden Beziehung in Schwierigkeiten steckst, lasse los. Übergib alles dem Universum und höre ihm zu. Es ist weise. Es ist weiser als all unsere Gedanken, als all unsere Wünsche. Es hat die größeren Zusammenhänge im Blick. Es dient nicht unserem Ego und unserer Bequemlichkeit, sondern einzig unserem wahren Selbst. Es dient der Erkenntnis wahrer Liebe, die alles übersteigt.

Eine Seelenpartnerschaft ist jedoch noch nicht das Ende der Reise. Das Ende der Reise ist das Einswerden mit dem Göttlichen, in dem sich unsere Seelen auflösen und in der Quelle allen Seins aufgehen.

Fragst du dich, ob du deinen Seelenpartner schon gefunden hast oder ob dein jetziger Partner der Richtige ist? Willst du mehr Klarheit gewinnen, wo du stehst in Hinblick auf eine Seelenpartnerschaft?

Dann mache hier meinen **kostenlosen Seelenpartnertest:**

www.barbaravoedisch.de/seelenpartnertest

Dieser Test hilft dir, deine bestehende Partnerschaft besser einzuschätzen, zu erkennen, ob du deinem Seelenpartner schon begegnet bist und wo du im Hinblick auf eine Seelenpartnerschaft stehst.

Wie ziehst du endlich deinen Seelenpartner an oder hebst deine bestehende Beziehung auf ein neues Level?

Ich gehe mit dir jetzt jeden einzelnen Schritt durch, um deinen Seelenpartner anzuziehen oder deine bestehende Beziehung auf ein neues Level zu bringen. Du wirst deinen Seelenpartner anziehen oder deine bestehende Beziehung tiefgreifend verwandeln, wenn du präzise den Schritten folgst, die ich jetzt mit dir teile.

Wichtig ist, dass du nicht aufgibst, dich nicht entmutigen lässt, und vor allem, dass du der größeren Weisheit folgst. Die Liebe geht Wege, die dein Verstand nicht begreifen kann. Deswegen ist das Allerwichtigste, dich vom Universum führen zu lassen. Folge den Zeichen und Fügungen, durch die es mit dir spricht.

Manchmal kann es allerdings Monate dauern, bis dein Seelenpartner auftaucht oder sich deine bestehende Partnerschaft in eine glückliche verwandelt. Wichtig ist, dass du deinen Wunsch, deinen Seelenpartner zu treffen und eine glückliche Partnerschaft zu führen, nicht aufgibst. Bleib dran!

1. Richte dich aus und habe einen klaren Fokus

Am Anfang steht deine Entscheidung, deinem Seelenpartner begegnen oder eine glückliche Beziehung leben zu wollen. Du brauchst Klarheit, Fokus und eine bestimmte Kompromisslosigkeit, dich nicht mit weniger zufrieden zu geben als mit einer Seelenpartnerschaft. Allein indem du dieses Buch liest und dich innerlich für deinen Seelenpartner und eine glückliche Beziehung öffnest, wird sich etwas in deinem Leben verändern. Denn die klare Ausrichtung deiner Energie hat große Wirkung.

Wichtig ist, dass sich dein Wunsch nach einer Seelenpartnerschaft und dein Unterbewusstsein in dieselbe Richtung bewegen. Denn wenn du dir einen Seelenpartner wünschst, aber dein Unterbewusstsein diesen Wunsch boykottiert, wird es schwierig, eine erfüllte Partnerschaft zu leben. Manche von uns wünschen sich zwar eine Seelenpartnerschaft, sind aber aus Angst, wieder verletzt zu werden, nicht wirklich bereit dazu. Deswegen werden wir gleich schwierige Erfahrungen aus deinen vergangenen Beziehungen heilen, deine negativen Prägungen in Bezug auf die Liebe verwandeln und dich von allem befreien, was dich hindert, unbeschwert zu lieben.

Entscheide dich jetzt klar für eine Seelenpartnerschaft und fokussiere deine Energie darauf. Manche Menschen fokussieren ihre Energie durch die Visualisierung ihres Seelenpartners und einer glücklichen Beziehung. Sie stellen sich vor ihrem inneren Auge vor, wie ihr Seelenpartner aussehen und wie er konkret sein soll. Ich empfehle das nicht. Denn manchmal glauben wir zu wissen, was gut für uns ist, wissen es aber nicht wirklich. Wenn wir nicht mit unserer Seele verbunden sind, wünschen wir unserem Ego entsprechend einen Partner, der gar nicht zu uns passt. Deswegen wäre ich vorsichtig damit, deinen Partner genau zu visualisieren. Mein Mann entsprach jedenfalls nicht meinem üblichen Männerbild. Gott sei Dank, wusste das Universum es besser und hat mir einen viel großartigeren Mann geschickt, als meine Vorstellung es zugelassen hatte. Manchmal sind wir zu beschränkt, um zu erkennen, was wirklich gut für uns ist. Das Universum ist weiser als wir selbst.

Du kannst allerdings die Qualitäten, die dir in einer Beziehung wichtig sind und über die dein Seelenpartner verfügen sollte, formulieren. Vielleicht wünschst du dir einen Partner, mit dem du über alles glücklich bist, der treu ist, mit dem du deine Interessen teilen kannst, der dich zutiefst liebt und der über Ehrlichkeit verfügt. In diesem Stil kannst du deine Wünsche und die Qualität deiner Beziehung formulieren. Ich würde allerdings nicht im Detail visualisieren, wie dein Partner aussieht, was er tun und wie er sein sollte. Lass der Magie der Liebe Raum.

2. Befreie dich von allen Hindernissen

Wenn du deinen Seelenpartner bis jetzt noch nicht getroffen hast oder deine Partnerschaft sich schwierig gestaltet, gilt es, hinderliche Überzeugungen und alte Wunden zu heilen. Wir werden Schritt für Schritt deine Blockaden lösen, die dich hindern, eine glückliche Seelenpartnerschaft zu leben. Deswegen prüfe jetzt: Wo liegen bei mir mögliche Blockaden? Welche Programme in mir verhindern eine tiefe Liebe?

Reflektiere die Beziehung deiner Eltern

Deine Eltern und andere wichtige Bezugspersonen haben von Kindheit an dein Beziehungsverhalten geprägt. Viele unserer negativen Überzeugungen über uns selbst, das Leben und über Beziehungen haben wir von unseren Eltern, Lehrern, Freunden oder aus den Medien übernommen. Wir haben durch unsere Eltern alles über körperliche Nähe, über die Aufgaben- und Rollenverteilung und über Beziehungsdynamiken gelernt.

Vieles, was du über die Liebe denkst, ist nicht deine eigene Meinung. Wir sind in der Partnerwahl und der Gestaltung unserer Beziehung nicht so frei, wie wir glauben. Es gilt, dich von den negativen Prägungen deiner Eltern und Großeltern zu lösen. Vielleicht hast du erfahren, dass eine Ehe zerbricht, dass du der Liebe nicht trauen kannst, sie grausam, verletzend oder einengend sein kann.

Betrachte jetzt einmal die Beziehung deiner Eltern genauer. Frage dich: „Was habe ich über Liebe und Partnerschaft gelernt? Welche Form von Partnerschaft haben mir meine Eltern vorgelebt? Wie war die Ehe meiner Eltern? Wie sind sie miteinander umgegangen? Worüber haben sie sich gestritten? Über das Geld, die Kindererziehung oder über Untreue? Haben sie sich oft in Streit und Machtkämpfen verstrickt und um welche Themen drehte es sich dabei? Welche Rolle spielten Liebe und Sexualität? Wer hatte die Hosen an, wie war die Rollenverteilung, das Bild von Mann und Frau? Was habe ich von dem

Beziehungsverhalten meiner Eltern übernommen, welche Dynamiken, Ängste und Erfahrungen?“

Hier geht es nur darum zu erkennen, welche Erfahrungen dich geprägt haben, und nicht um Schuldzuweisungen, darum, deine Eltern für deine Beziehungsprobleme verantwortlich zu machen. Du allein bist für dich und deine Beziehungen verantwortlich. Deine Eltern haben ihr Bestes gegeben. Mache dir nur bewusst, dass die Probleme deiner Eltern nicht deine sind. Du kannst die Geschichte deiner Liebesbeziehungen neu schreiben, so schreiben, wie sie dir entspricht.

Überlege jetzt, wie eine glückliche Partnerschaft für dich aussieht und welche Form du dir wirklich wünschst. Wie sieht die glücklichste Beziehung aus, die du dir vorstellen kannst?

Überprüfe deine Glaubenssätze!

Entspricht das, was du über dich und die Liebe denkst, wirklich der Wahrheit? Glaubst du vielleicht: „Wenn ich mich zeige, wie ich bin, werde ich verlassen. Ich bin zu intensiv, mich hält keiner aus. Ich werde immer nur ausgenutzt. Ich bin zu dick, zu alt und nicht schön genug. Ich mache alles falsch. Den richtigen Partner finde ich nie. In einer Beziehung habe ich keine Freiräume. Ich werde immer verletzt oder betrogen. Ich treffe nur auf verheiratete Partner. Ich muss mich schützen, damit ich nicht verletzt werde. Ich muss immer für den anderen da sein.“ Vielleicht glaubst du auch, dass der Liebe nicht zu trauen ist und dass du nie den perfekten Partner findest. Oder du bist eigentlich davon überzeugt, dass eine Seelenpartnerschaft eine Illusion ist.

Was sind deine Glaubenssätze? Schreibe deine wichtigsten auf. Stelle dann alles, was du selbst erfahren oder durch andere gelernt hast, infrage. Frage dich, ob du diesen negativen Glaubenssätzen weiterhin folgen willst. Notiere, was du lieber denken und lieber erleben würdest. Lass die Möglichkeit einer glücklichen Seelenpartnerschaft zu. Glaube wieder an eine Welt voller Möglichkeiten, glaube an eine glückliche Partnerschaft, glaube wieder an die Magie der Liebe, an die Art von Beziehung, die du dir in der Tiefe wünschst. Wie soll sich eine Seelenpartnerschaft voller Wunder manifestieren, wenn du nicht an sie glaubst?

Du bist der Schöpfer deiner eigenen Wirklichkeit. Deswegen stell dir vor deinem inneren Auge die schönste und beglückendste Partnerschaft vor, die du dir vorstellen kannst. Und das gilt, sowohl wenn du deinen Seelenpartner anziehen willst als auch wenn du in deiner Partnerschaft an deine Grenzen stößt. Fokussiere dich auf das, was du willst, und nicht auf das, was du nicht willst.

Die Frage ist natürlich auch, wie viel Einsatz du zu geben bereit bist. Wie wichtig ist dir eine Seelenpartnerschaft? Vielleicht war es bisher für dich wichtiger, beruflich erfolgreich zu sein und viel Geld zu verdienen, und du hast einer Beziehung nie genug Bedeutung geschenkt. Aber von nichts kommt nichts. Bist du jetzt bereit, alles für eine Seelenpartnerschaft zu geben? Bist du jetzt frei für eine glückliche Beziehung?

Heile alte Verletzungen und Wunden

Vielleicht trägst du Wunden aus einer vergangenen oder aus deiner aktuellen Beziehung mit dir herum. In Partnerschaften können sich – bei aller Liebe – Themen wie Untreue, Opfer und Täterdynamiken, Eifersucht, Machtspiele, Liebesentzug oder Verlustangst zeigen. Wir kommen in Kontakt mit Wut, Trauer oder Verrat. Wir lernen uns mit all unseren Licht- und Schattenseiten kennen.

Manchmal verhalten wir uns so, dass wir uns selbst nicht wiedererkennen. Wir verletzen unseren Partner und werden selbst verletzt. Meist sind wir allerdings geneigt, nur unsere eigenen Verletzungen wahrzunehmen und weniger, dass wir auch andere verletzen. Denn es gibt immer zwei Seiten einer Medaille. Anstatt uns dessen bewusst zu sein, schieben wir lieber dem anderen die Schuld in die Schuhe.

Wir übersehen dabei unser eigenes Unvermögen, nicht gut genug auf uns selbst aufgepasst zu haben. Denn wer ist verantwortlich für unser

Glück? Wir! Wenn wir es nicht zulassen, kann uns niemand verletzen oder Schaden zufügen. Es braucht immer jemanden, der etwas tut und einen, der es zulässt. Wir sind niemals Opfer. Wir machen uns selbst dazu. Mache dir bewusst: Du konntest nur verletzt werden, weil du dich hast verletzen lassen, es eine entsprechende Resonanz in dir gab. Du entscheidest, wer dich verletzt! Alle Macht liegt bei dir. Wichtig ist also, selbst bei tiefsten Verletzungen – egal, was vorgefallen ist – die Schuldfrage hinter dir zu lassen. Und das gilt sowohl für Vorwürfe, die du deinem Ex- oder deinem aktuellen Partner machst, als auch für Selbstvorwürfe. Mache dir bewusst: Wem du die Schuld gibst, dem gibst du die Macht. Du machst dein Glück von dessen Verhalten abhängig.

Erkenne deinen Anteil an der erfahrenen Verletzung. Finde heraus, was du anders machen kannst, um ähnliche Verletzungen und Konflikte in Zukunft zu vermeiden. Frage dich: Warum habe ich diese Negativität in meiner Partnerschaft erfahren? Was ist mein Anteil daran? Warum habe ich diesen Menschen, der mich so verletzt hat, in mein Leben gezogen? Was kann ich aus der Situation lernen? Welche meiner Gefühle bedürfen der Heilung und des Ausgleichs? Was will ich ändern? Was kann ich beim nächsten Mal anders machen? Falls du in Schuldzuweisungen und Anklagen gefangen bleibst, hältst du lieber an einem gebrochenen Herzen fest, als dich für die Liebe zu öffnen. Du schadest dir selbst, wenn du verbittert und hartherzig wirst.

Da sich Seelenpartner auf der Herzebene treffen, zögerst du außerdem das Treffen hinaus und verschließt die Türen. Du bist dann nicht frei für deinen Seelenpartner. Du bewegst dich nicht in der Liebe. Lass also trotz alter Verletzungen alle Wut und allen Groll los. Sie vergiften dein Herz und beeinflussen deine jetzige oder eine kommende Partnerschaft negativ. Leicht wird dein Herz, wenn du loslässt, wenn du vergibst, wenn du das Gute siehst. Lass Güte mit dir und allen Beteiligten walten.

Wir sind außerdem alle menschlich und haben unsere Stärken und Schwächen. Egal, wie tief du verletzt worden bist, egal, was passiert ist, befreie dich davon. Hege keinen Groll mehr gegen deinen bestehenden Partner oder einen deiner Expartner. Sieh das Geschenk, das du von diesem Partner erhalten hast – und wenn es nur ist, durch tiefe Verletzungen und Enttäuschungen zu lernen und stärker zu werden.

Denn wann immer du Leid und Schmerz erfährst, stimmt etwas mit deiner Sicht auf die Dinge, mit deinem Denken, Fühlen und Handeln nicht. Stelle das alles infrage. Wenn du in deiner aktuellen Beziehung oder unter einer alten Beziehung leidest, frage dich: „Was an meiner Sichtweise ist falsch, wie kann ich mich in der natürlichen größeren Ordnung bewegen?“ Denn die größere Ordnung kennt kein Leid. Die größere Ordnung ist voller Liebe, voller Frieden. Sobald du Schmerz und Leiden erfährst, besinne dich auf die Kraft der Liebe, auf die höheren Frequenzen. Erhebe dein Bewusstsein aus der Enge deines Denkens, aus der fehlerhaften Sichtweise auf dich selbst, deinen Partner und das Leben. Wenn du deinem jetzigen oder früheren Partner Vorwürfe machst, ergänze hinter jedem Vorwurf gedanklich: „Wie ich auch.“ Konkret: „Mein Partner hätte nicht so engstirnig sein dürfen und mehr Verständnis für mich haben müssen – wie ich auch.“ Denn meist tun wir an anderer Stelle dasselbe, was wir unserem Partner vorwerfen.

Wenn du dich weigerst, die Lernerfahrung anzunehmen und dich fortan anders zu verhalten, bewegst du dich in einer Endlosschleife ähnlicher Verletzungen und Enttäuschungen. Du triffst immer auf dieselbe Art Partner, mit der du die gleichen negativen Erfahrungen wiederholst. Wenn du aber die Lernerfahrung annimmst, wirst du reifer und beziehungsfähiger.

Falls du glaubst, dass du von deinem Expartner oder jetzigen Partner noch eine Entschuldigung, Verständnis oder ein Gespräch brauchst, um alte Verletzungen zu heilen, mache dir bewusst: Du brauchst nur dich selbst, um deine Verletzungen und Enttäuschungen in Liebe und Dankbarkeit zu verwandeln. Der Schlüssel zur Heilung liegt allein in dir. Liebe, Güte, Vergebung und Dankbarkeit sind die stärksten Kräfte, um negative Erfahrungen zu heilen.

Wenn wir auf vergangene Beziehung zurückblicken, sehen wir oftmals nur das Ende, die Verletzung. Wir vergessen die Liebe, all das Positive, das wir auch erhalten haben. Deswegen sage jetzt innerlich zu all deinen Partnern, egal, wie sehr sie dich verletzt haben: „Danke." Blicke mit Dankbarkeit auf deine vergangenen Beziehungen und sieh die Geschenke, die selbst in den größten Herausforderungen lagen. Lass Liebe und Dankbarkeit zu deinen Expartnern oder deinem aktuellen Partner fließen; so lange, bis du spürst, dass du keinen Groll mehr hegst, dass all die Verletzungen aufgelöst sind und du in reiner Liebe ruhst. Besonders hilfreich ist auch, deine bisherigen Partnerschaften, deine jetzige oder deine zukünftige zu segnen.

Bei der Heilung von sehr tiefgreifenden Wunden kann es manchmal nützlich sein, einen Coach oder einen anderen Experten in Anspruch zu nehmen. Du kannst dich auch einem nahestehenden Freund oder einer Freundin, die eine langjährige glückliche Beziehung führt, anvertrauen. Eine Freundin, die eine schwierige Beziehung nach der anderen hinter sich hat, mag nicht die richtige Ansprechpartnerin für dich sein.

Wenn du in einer Partnerschaft lebst, sprich mit deinem Partner über vergangene Beziehungen und über deine Gefühle. Falls es sich um Verletzungen handelt, die deine aktuelle Partnerschaft betreffen: Finde einen geeigneten Zeitpunkt, um mit deinem Partner zu sprechen. Drücke deine Gedanken und Gefühle klar, aber ohne jeden Vorwurf aus. Versuche auch seine Perspektive zu verstehen. Falls du deinen Partner auch verletzt hast, entschuldige dich aufrichtig.

Zu beachten ist, dass das Heilen von Wunden manchmal Zeit und Geduld erfordert. Aber es lohnt sich. Lass jetzt die Vergangenheit vollständig hinter dir. Stelle alle Weichen auf Neustart. Um weitere Enttäuschungen zu vermeiden, verzichte auf übertriebene Erwartungen an deinen Partner und an die Liebe. Je höher deine Erwartungen sind, desto höher die Wahrscheinlichkeit, dass du enttäuscht wirst.

Bedenke immer, dass kein Mensch perfekt ist, dein Partner nicht immer deine Erwartungen erfüllen und deine Gedanken lesen kann.

Grundsätzlich gilt: Wenn du irgendwo an deine Grenzen stößt, bitte um die Unterstützung des Göttlichen, darum, dass es seine Heilkraft und Weisheit zu dir fließen lässt. Das ist das Weiseste, was du tun kannst. Öffne dich und bitte um Heilung.

Prüfe, ob du wirklich frei bist

Viele von uns sind unbewusst ihr ganzes Leben lang nicht für ihren Partner frei, sondern mit ihrer Arbeit, dem Sport, ihren Kindern oder ihrem besten Freund verheiratet. Wenn du für deinen Seelenpartner keinen Platz in deinem Leben machst, verhinderst du, dass er in dein Leben tritt. Dasselbe gilt für eine bestehende Partnerschaft. Wenn immer deine Arbeit, deine Mutter oder deine Kinder wichtiger sind, belastet das deine Beziehung. Viele möchten gerne ihrem Seelenpartner begegnen oder eine glückliche Beziehung führen, merken aber gar nicht, dass sie dem keinen Raum geben.

Eine wundervolle, sehr liebe Klientin von mir gab ihrem Haus mehr Bedeutung als ihrem zukünftigen Partner. Und das, obwohl sie sich nichts sehnlicher wünschte, als ihm zu begegnen. Sie bestand darauf, dass ihr zukünftiger Partner in ihr schönes, großes Haus einziehen muss, egal, aus welchem Land er kommt. Ihr Seelenpartner sollte haargenau in ihr Leben passen, ohne ihm wirklich Raum zu geben. Es ist mehr als verständlich, dass wenn wir unser Haus lieben, es nicht gerne aufgeben möchten.

Nur, wie würden wir uns umgekehrt fühlen, wenn unser Seelenpartner von uns erwartet, dass wir uns komplett in sein Leben einfügen? Wir würden von Anfang an eine zu große Dominanz und Einschränkung seitens unseres potentiellen Partners fühlen und unsere Bedürfnisse nicht berücksichtigt sehen.

In Bezug auf meine Klientin wäre es ja wunderbar, wenn per Zufall ein Partner in ihr Leben treten würde, der sich perfekt in ihr Leben fügt und sich in ihrem Haus wohlfühlt. Nur das zur Bedingung zu machen, ist schwierig. Abgesehen davon, dass sie möglicherweise wieder einen Mann anzieht, der nicht wirklich auf eigenen Beinen steht und eigentlich eine Mutter sucht.

Allerdings ist nichts unmöglich. Die Liebe ist größer als alles, was wir begreifen können. Und doch lässt sich beobachten, dass einer glücklichen Partnerschaft bestimmte Gesetzmäßigkeiten zugrunde liegen, und eine ist, der Liebe und deinem Partner wirklich Raum zu geben. Also prüfe: Wie viel Raum gebe ich meinem Seelenpartner? Hat er Platz in meinem Leben? Habe ich sowohl innerlich als auch in meiner Wohnung, in meinem Haus Platz für ihn?

Obwohl ich keine Feng-Shui-Expertin bin, kann ich dir empfehlen, bewusst deine Wohnung oder dein Haus auf eine Partnerschaft auszurichten. Wähle immer zwei Gegenstände, zwei Engel- oder Delfin-Figuren oder ein Gemälde mit einem glücklichen Paar. Schaffe bewusst für deinen jetzigen oder zukünftigen Partner Raum. Auch wenn ihr vielleicht niemals in deinem Haus oder in deiner Wohnung gemeinsam leben werdet, es verändert dein Energiefeld, das Energiefeld, von dem du umgeben bist.

Wenn du bereits in einer Beziehung bist, frage dich auch: Wie viel Raum gebe ich meinem Partner? Wie viel investiere ich in unsere Beziehung? Ist mein Partner der wichtigste Mensch in meinem Leben? Gibt es einen Menschen, eine Aktivität, ein Interesse, das immer wichtiger ist als er? Schau, ob du wirklich deinem Partner genug Raum gibst. Denn du willst ja selbst auch nicht bei deinem Seelenpartner die zweite Geige spielen, sondern an erster Stelle stehen.

Manche von uns sind nicht frei, weil sie ihre erste große Liebe oder einen Expartner noch immer lieben und dieser den ganzen Platz in ihrem Herzen einnimmt. Wichtig ist dann, entweder alles dafür zu tun, um mit deiner großen Liebe wieder zusammenzukommen, oder endlich loszulassen. Einer vergangenen Liebe nachzutrauen, erzeugt nichts als Schmerz. Wenn du alles versucht hast und es einfach nicht sein soll, lass los. Du jagst ansonsten einem Phantom hinterher. Du verhinderst damit nur, jetzt glücklich zu sein. Willst du außerdem dein Leben mit einer vergangenen Liebe vergeuden?

Es ist auch deinem jetzigen oder deinem zukünftigen Partner gegenüber nicht wertschätzend, wenn du eigentlich jemand anderen liebst. Wenn du unbewusst immer noch einer alten Liebe hinterherrennst, ist es außerdem schwer, deinen Seelenpartner in dein Leben zu ziehen oder eine glückliche Beziehung zu führen.

Wenn du wirklich glücklich sein willst, befreie dich. Lass endlich los. Öffne dich für die wahre Liebe, für die Liebe deines Lebens. Möge dein Seelenpartner in dein Leben treten, der dich über alles liebt und mit dem du eine erfüllte Partnerschaft leben kannst. Falls du bereits in einer Partnerschaft bist und immer noch einer großen Liebe hinterhertrauerst, gib deinem jetzigen Partner die Chance, der Einzige in deinem Herzen zu sein. Lerne ihn zu schätzen, gib eurer Liebe eine Chance.

3. Erhöhe deine Liebesfrequenz

Deinen Seelenpartner anzuziehen oder in deiner bestehenden Beziehung über Jahrzehnte glücklich zu sein, hängt maßgeblich von deiner Fähigkeit zu lieben ab. Welchen Einsatz bist du bereit für die Liebe zu geben? Entscheidend ist, auf welcher Frequenz sich dein Bewusstsein bewegt. Je mehr du aus dem Seelenbewusstsein heraus lebst, desto wahrscheinlicher ist eine Begegnung mit deinem Seelenpartner. Es ist schwierig, deinen Seelenpartner anzuziehen – geschweige denn ihn zu erkennen –, wenn deine Frequenz rein auf der körperlichen und emotionalen Ebene schwingt.

Begib dich in die höhere Oktave der Liebe

Was ist eigentlich genau die höhere Oktave der Liebe? Die höhere Oktave der Liebe, auch universelle Liebe genannt, spielt in fast allen spirituellen Traditionen, Philosophien und Religionen eine zentrale Rolle.

Im Buddhismus wird wahre Liebe als bedingungslos betrachtet. Sie drückt sich in unseren Worten, in selbstlosen Taten und in der Liebe für alle Wesen aus.

Im Hinduismus dreht sich in der Liebe alles um die Hingabe an das Göttliche und darum, die weltlichen Begrenzungen zu überwinden und die Einheit mit dem Göttlichen zu vollziehen.

Platon spricht von einer höheren Liebe auf der Suche nach dem Schönen, dem Guten und dem Wahren.

Im Christentum stehen die Liebe zu Gott und die Nächstenliebe im Mittelpunkt.

Insgesamt betonen die meisten spirituellen Traditionen, Philosophien und Religionen, dass wahre Liebe selbstlos ist und über persönliche Vorlieben, Egoismus und Begrenzungen hinausgeht. Diese Liebe umfasst das Dienen, das Nutzen seiner Talente zum Wohle aller und das Verbreiten von Frieden und Liebe in der Welt.

Die höhere Oktave der Liebe hat nicht nur das eigene Wohl, sondern auch das unseres Partners und anderer Menschen im Auge. Die höhere Frequenz der Liebe geht über die rein physische und emotionale Anziehung, über körperliche Attraktivität, Erotik und Leidenschaft hinaus. Das schließt nicht aus, dass Seelenpartner trotz der starken seelischen Verbindung auch eine extrem starke körperliche und sexuelle Anziehung spüren können. Die tiefe geistige Verbindung schließt die körperliche Ebene nicht aus. Dennoch zeichnet sich eine Seelenpartnerschaft – vor allem wenn sie über Jahrzehnte glücklich sein soll – durch eine starke seelische Verbindung aus, durch eine tiefe Liebe.

Was hat die Liebe zu deinem Seelenpartner mit der Liebe zum Leben zu tun?

Die höhere Oktave der Liebe ist allumfassend und nicht nur auf uns selbst und unseren Partner begrenzt. Sie umfasst, in Liebe zu sein mit dem ganzen Leben.

Ich habe mein Leben lang untersucht, was glückliche Menschen und glückliche Seelenpartnerschaften auszeichnet. Das ist eine große Liebesfähigkeit, die sich nicht nur in Bezug auf den Partner zeigt, sondern auch im Mitgefühl für andere Menschen, in Freundlichkeit und Offenheit. Die meisten von ihnen stellen die Liebe ganz in den Vordergrund und sind bereit, für sie viel – wenn nicht sogar alles – zu geben. Denn halber Einsatz bringt auch nur halbe Ergebnisse.

In Beratungen mit sehr erfolgreichen und wohlhabenden Menschen konnte ich dasselbe Prinzip beobachten. In der Regel sind sehr erfolgreiche Menschen bereit, mehr als andere für den Erfolg zu geben. Also: Dort, wo wir entsprechende Saaten säen, wo unser ganzer Fokus liegt, erzielen wir auch entsprechende Ergebnisse. Wenn du den Fokus auf die Liebe richtest, sie in den alltäglichen Dingen deines Lebens in den Vordergrund stellst, ist die Wahrscheinlichkeit hoch, dass das Universum dir in Form einer Seelenpartnerschaft antwortet.

Das scheint bei dir aber nicht zu funktionieren? Denn du bist schon immer ein sehr liebevoller Mensch gewesen, verschenkst viel Liebe, hast schon alles versucht und lebst trotzdem noch keine glückliche Beziehung? Der entscheidende Unterschied ist: Rennst du der Liebe hinterher und verausgabst dich oder umfasst deine Liebe auch dich selbst? Spürst du einen Mangel an Liebe, fühlst dich nicht ausreichend geliebt? Oder bist du voller Liebe und verschenkst sie aus einem Gefühl des Überflusses?

Vielleicht liegt dein Problem darin, dass du zu gutmütig bist, dich selbst nicht ausreichend wertschätzt und auf dir herumtreten lässt. Zu lieben und für die Liebe alles zu geben, bedeutet nicht, dich zum Fußabtreter zu machen. Ich bin kein großer Fan von dieser Selbstliebe-Bewegung. Dennoch geht es auch darum, dich selbst wertzuschätzen. Es geht um ein angemessenes Geben und Nehmen und darum, in Liebe zu sein – mit dir selbst, deinem Leben und anderen Menschen.

Die höhere Oktave der Liebe zeichnet sich außerdem durch die Liebe als Seinszustand aus. In der Liebe als Seinszustand liebst du das Leben und fühlst dich mit dem Universum verbunden. Sie spiegelt sich in deiner ganzen Lebenshaltung wider und umfasst alle Bereiche deines Lebens, deinen Beruf, deine Beziehungen und deine Partnerschaft. Sie drückt sich in einem Gefühl tiefer Dankbarkeit aus, in Güte, Mitgefühl, Vergebung, Freundlichkeit, Freude, Akzeptanz, in der Liebe zu den Menschen und zur Schöpfung. Und sie weiß um das, was uns alle verbindet: um die Einheit allen Seins, die Liebe.

Wie kannst du in deinem Alltag aus dem Bewusstsein der Liebe leben?

Um dein ganzes Leben aus dem Bewusstsein der Liebe zu leben, beginne einfach nur damit, anderen täglich ein wenig mehr Liebe, Freundlichkeit, Freude, Mitgefühl und Akzeptanz zu schenken. Schon mit kleinen Gesten der Liebe kannst du das Leben anderer bereichern.

Klingt alles wundervoll, aber irgendwie unerreichbar? Vor allem, weil du – wie wir alle – menschlich bist und manchmal Wut, Neid, Konkurrenz, Eifersucht, Angst und Mangel verspürst? All diese Gefühle verhindern eine glückliche Seelenpartnerschaft nicht. Denn du musst nicht ständig vor Liebe überfließen und nicht heiliger sein, als du bist. Wir sind nun einmal zutiefst menschlich. Wir haben unsere Schwächen. Wir haben manchmal Angst und Zweifel und werden manchmal wütend. Es ist menschlich, eifersüchtig und neidisch zu sein, zu kämpfen und uns in Machtspielen zu verwickeln. Wir sind und bleiben bis zum letzten Atemzug menschlich, können aber lernen, unsere Schwächen anzunehmen und sie zu überwinden.

Denn die gute Nachricht ist: Du musst nicht perfekt sein. Dein Seelenpartner liebt dich mit all deinen Ecken und Kanten. Selbst wenn ihn vielleicht das eine oder andere an dir stört, liebt er dich einfach. Er liebt dich, egal, wie gefangen du bist, wie groß deine Schwächen sind und in welchen Schwierigkeiten du steckst. Unsere Erwartungen und das Streben nach Perfektion haben in der höheren Frequenz der Liebe kein Gewicht. Die Liebe liebt einfach.

Vielleicht entspricht dein Seelenpartner überhaupt nicht deinen Vorstellungen und du nicht seinen. Vielleicht findest du ihn anfangs nicht einmal attraktiv. Denn Seelen erkennen sich an ihrer Schwingung, nicht an ihrem Aussehen. Vielleicht ist er so ganz anders als alles, was du erwartet und dir unter einem perfekten Partner vorgestellt hast. Und dennoch liebst du. Tiefer, stärker als jemals zuvor. Du kannst dich der Liebe und der Anziehung nicht erwehren. Etwas in dir weiß, dass es sich um etwas sehr Kostbares handelt. Auch dein Partner wird dich lieben, selbst wenn du ganz anders bist, als er sich dich vorgestellt hat. Diese Liebe trifft euch tief ins Herz.

Wichtig ist auch zu beachten, dass deine Schwächen nicht das Gewicht haben, das du ihnen vielleicht gibst. Denn in Bezug auf deine Liebesfrequenz gleicht deine Kraft, aus dem Herzen heraus zu leben, deine Schwächen um ein Vielfaches aus. Die Liebe ist eine der höchsten Frequenzen im Universum. Hohe Frequenzen wie die Liebe sind außerdem weitaus machtvoller als niedrigere. Gefühle wie Traurigkeit, Neid, Misstrauen, Eifersucht und Zorn können also – solange sich deine Hauptenergie in der Liebe bewegt – eine glückliche Seelenpartnerschaft nicht verhindern. Selbst negative Gedanken und Gefühle können keine umfassende Wirkung zeigen, wenn dein Bewusstsein überwiegend in Freude, Großzügigkeit, Liebe und Mitgefühl verankert ist.

Viele von uns befürchten, bedingt durch das Wissen, dass Gedanken Wirklichkeit werden, dass sie, sobald sie einen negativen Gedanken haben, Negatives anziehen. Dabei unterschätzen sie die extreme Wirksamkeit und Macht höherschwingender Energien. Nicht jeder negative Gedanke löst gleich ein negatives Ereignis aus. Wenn sich unsere Hauptenergie in der Energie des Friedens, der Liebe, der Güte, der Freude oder der Großzügigkeit bewegt, gleicht sie die negativen Gedanken und Gefühle um ein Mehrfaches aus.

Gandhi sagte, dass die Liebe eines Menschen den Hass von Millionen neutralisieren kann. Sein Beispiel zeigt, was wir mit einem liebenden Herzen erreichen können. Wenn du also einmal eifersüchtig oder neidisch, in Ängsten, Konkurrenz-, Macht- und Ohnmachtsgefühlen gefangen bist, passiert nichts, solange du überwiegend mutig, freudig und friedvoll durchs Leben gehst.

So kannst du deine Frequenz anheben

Um deine Frequenz auf ein hohes Level zu bringen, hilft dir ganz konkret: Meditation, in der Natur zu sein, freudige Musik zu hören, Bücher zu lesen, die deinen Geist erhellen, dich mit Menschen zu umgeben, die dir Mut machen und dir Flügel wachsen lassen.

Du bewegst dich auch in der höheren Oktave der Liebe, wenn du liebevoll und wertschätzend mit dir und anderen umgehst. Unterstütze Menschen, die deiner Hilfe bedürfen. Lass dich auf negatives Gerede und Lästereien nicht ein. Verschenke ehrliches Lob. Unterstütze andere beim Verwirklichen ihrer Träume. Setze deine Talente und Fähigkeiten ein. Sei großzügig.

Verbreite bei allem, was du tust, Liebe. Säe Saaten der Liebe, egal, ob du deinen Seelenpartner anziehen oder deine bestehende Partnerschaft verwandeln willst. Frage dich: Wem kann ich helfen? Wer bedarf meiner Aufmerksamkeit? Wie kann ich meinen Partner und andere Menschen erfreuen? Wem kann ich meine Liebe schenken? Versuche, in jedem Moment deines Lebens in Liebe zu sein. Dann ist dein ganzes Leben von Liebe erfüllt.

Wenn du jeden Tag einige gute Saaten der Liebe säst, wirst du verblüfft sein, wie schnell sich dein Leben, deine Partnerschaft auf wundersame Weise verwandeln. Denn du sprichst die Sprache der Seele, um deinen Seelenpartner anzuziehen oder um deine bestehende Beziehung auf eine höhere Bewusstseinsebene anzuheben. Ob wir eine langjährige glückliche Seelenpartnerschaft leben, hängt also maßgeblich davon ab, wie sehr wir zu lieben bereit sind und ob wir wirklich im Herzen ruhen. Eine glückliche Partnerschaft hängt auch davon ab, über wie viel Mitgefühl wir verfügen, wie sehr wir Gegensätzliches vereinen können, wie großzügig, wie lernfähig und selbstkritisch wir sind, wie sehr wir uns in der höheren Oktave der Liebe bewegen. Es ist also wichtig, deine eigene Liebesfrequenz zu erhöhen.

Woraus formt sich eigentlich unsere Liebes-Frequenz?

Unsere Gedanken und Emotionen erzeugen ein Energiefeld, das uns umgibt. Wenn wir positive Gedanken und Gefühle hegen, bewegen wir uns in einer höheren Schwingung, als wenn wir wütend sind, mit anderen kämpfen und nur unser eigenes Wohl im Auge haben.

Unserer Schwingungsfrequenz entsprechend ziehen wir wiederum einen Partner mit ähnlichen Einstellungen und Werten an. Einstein sagte: „Alles ist Energie. Wenn du dich einschwingst in die Frequenz der Wirklichkeit, die du anstrebst, dann kannst du nicht verhindern, dass sich diese manifestiert. Es kann nicht anders sein. Das ist Physik.“ Das heißt konkret: Je mehr du dich in der Frequenz deiner Seele bewegst, desto wahrscheinlicher wird, dass du deinem Seelenpartner begegnest oder in einer bestehenden Partnerschaft die höhere Oktave der Liebe lebst. Einstein gemäß bedeutet das auf eine glückliche Partnerschaft bezogen auch: Bewegst du dich in der Frequenz der Wirklichkeit, die du anstrebst – in deinem Fall in der puren, wahren Liebe –, kannst du nicht verhindern, dass sie sich in Form einer glücklichen Seelenpartnerschaft manifestiert.

Deine eigene Frequenz bestimmt also, welchen Partner du in dein Leben ziehst oder wie sich deine bestehende Beziehung gestaltet. Wenn du zu starken Schuldgefühlen, zu Angst und Machtkämpfen, Wut, Eifersucht, Scham oder Schuld neigst, ziehst du wahrscheinlich einen entsprechenden Partner in dein Leben.

Durchs Wünschen eine glückliche Partnerschaft manifestieren?

Vielleicht hast du davon gehört, dass du allein durchs Wünschen den richtigen Partner in dein Leben ziehen kannst. Doch ein Wunsch allein reicht in der Regel nicht, um etwas zu manifestieren. Wir entscheiden nicht durch das, was wir uns wünschen, sondern durch unseren Bewusstseinszustand, welchen Partner wir in unser Leben ziehen und was wir mit ihm gemeinsam erleben. Wir ziehen das an, was wir sind, nicht das, was wir wollen. Wichtig ist also, dich auf die Frequenz reiner Liebe zu erheben.

Doch wie drücken sich pure Liebe und ein höheres Bewusstsein aus? Durch Mut, Verständnis, Akzeptanz, Liebe, Offenheit, Großzügigkeit, Fülle, Frieden, Mitgefühl, Leichtigkeit, Hingabe, Demut, Dankbarkeit und Freude. Ein niedriges Bewusstsein zeigt sich in Scham, Schuld, Trauer, Angst, Depression, Gier, Wut, Zorn, Stolz, Arroganz, Konkurrenz und Eifersucht. Wenn wir glücklich sein wollen, gilt es, in das Bewusstsein der Fülle, des Friedens und der Liebe einzutauchen und uns bewusst zu sein, dass es uns nie an etwas mangeln wird. Deinen Seelenpartner anzuziehen und eine lebenslange glückliche Beziehung zu führen, hängt also maßgeblich von deiner Fähigkeit ab, zu lieben und dich in den höheren Ebenen des Bewusstseins zu bewegen. Dein Liebesglück ist also dem Schicksal nicht hilflos ausgeliefert.

Wichtig ist aber auch, Seelenpartnerschaften und die höhere Oktave der Liebe nicht zu idealisieren. Falls du das Gefühl hast, nicht weit, nicht bewusst genug für die Liebe zu sein, mache dir klar: Niemand ist perfekt. Auch Seelenpartnerschaften bewegen sich nicht nur in höheren Bewusstseinsebenen! Auch Seelenpartner können streiten, sich in Machtspiele verstricken, eifersüchtig sein, kämpfen oder wütend werden. Auch Seelenpartner haben nicht immer nur das Wohl des anderen im Auge. Seelenpartnerschaften wechseln wie andere Partnerschaften auch zwischen verschiedenen Bewusstseinsebenen. Und das mal in den niedrigeren und höheren. Was sie allerdings kennzeichnet: Sie bewegen sich überwiegend in einer höheren Frequenz.

Da die Seelenverbindung und die Liebe außergewöhnlich stark sind, gelingt es Seelenpartnern in der Regel leichter, das Ego hinter sich zu lassen. Allerdings können auch Beziehungen, die sich überwiegend auf der körperlichen und emotionalen Ebene bewegen, höhere Aspekte der Liebe aufweisen. Wenn sich unsere Beziehung allerdings tendenziell auf einem niedrigeren Bewusstseinslevel bewegt, kann sie sehr dramatisch und schmerzhaft sein. Denn dann sind meist Machtkämpfe, Streitereien, Abhängigkeit, Besitzdenken und Schuldzuweisungen an der Tagesordnung.

Auf der körperlichen Ebene der Anziehung verwechseln wir außerdem schnell einmal Liebe mit Begierde, mit körperlichen Bedürfnissen und intensivem Verlangen. Da unsere körperlichen und emotionalen Bedürfnisse sehr machtvoll sind und Gefühle des Verliebtseins erzeugen können, glauben wir, dass es sich um Liebe handelt.

Beziehungen, die sich überwiegend auf der rein körperlichen und emotionalen Ebene bewegen, sind außerdem oft nicht von Dauer. Denn die Tiefe der Liebe trägt in einer Partnerschaft auch dazu bei, dass sie schwierige Zeiten, Höhen und Tiefen übersteht. Denn wenn wir die Kostbarkeit, den Segen dieser außergewöhnlichen Verbindung spüren, sind wir eher bereit, uns den Herausforderungen zu stellen und gemeinsame Lösungen zu finden. Die tiefe Liebe einer Seelenpartnerschaft erleichtert es uns, über unser Schatten zu springen, Güte walten zu lassen, Verständnis für unseren Partner zu haben und uns selbst zu reflektieren.

Dein Glück ist also maßgeblich von deinem Bewusstseinszustand abhängig. Und der ist, Achtung (!), nicht mit spirituellem oder religiösem Interesse gleichzusetzen. Im Gegenteil: Der Zugang zur reinen Liebe, zum Guten in uns, ist ganz natürlich in uns angelegt. Wir müssen die Liebe nicht komplizierter und exklusiver machen, als sie ist. Manche Menschen ohne religiösen oder spirituellen Kontext können echter, reiner, unverfälschter lieben als manche Menschen, die sich zwar seit Jahrzehnten mit höheren Dimensionen beschäftigen, aber trotzdem sehr urteilend und spaltend sind.

Bei einer Seelenpartnerschaft geht es nicht um die richtige spirituelle Sicht oder darum, woran ihr, du oder dein Partner, glaubt. Wir können den ganzen Tag über Liebe sprechen, aber wenn wir nicht wirklich in Liebe sind, zeigen unsere Worte keine Wirkung. Wir können hingegen Worte wie Liebe und Spiritualität nie in den Mund nehmen und trotz allem in der höheren Dimension der Liebe zu Hause sein. Wahre Liebe ist nicht an Worte gebunden; sie zeigt sich in Taten.

Die Seelenebene fragt nicht auch nach der richtigen Philosophie, den richtigen Erklärungen. Sie ist einfach und ganz natürlich. Es ist egal, ob du und oder dein Seelenpartner spirituell interessiert seid oder nicht. Du musst dich nicht notwendigerweise für Spiritualität interessieren, um deinen Seelenpartner zu finden oder eine langjährig glückliche Beziehung zu führen, sondern im Herzen verankert sein und über Verständnis, Güte, Großzügigkeit, Ausdauer, Geduld und Hilfsbereitschaft verfügen. All diese Qualitäten benötigten keine Erklärung.

Wir sind viel zu kompliziert für die Liebe geworden. Die Liebe ist einfacher. Viel einfacher. Wenn wir unsere Kompliziertheit und unseren Verstand zur Seite stellen, bleibt nichts als Liebe, dann lieben wir ganz natürlich von selbst. Eigentlich müsste ich dieses Buch nicht schreiben, denn Liebe ist deine wahre Natur. Sie ist ganz natürlich in dir angelegt. Wir sind so verkorkst, so weit von uns entfernt, dass wir das Einfache, das Naheliegende, die Liebe in uns, übersehen und nicht ausreichend wertschätzen. In unserer Gesellschaft scheint Liebe zu schwach zu sein, um zu überleben und dem Leben standzuhalten. Wer sagt das eigentlich? Denn das ist ein riesengroßer Irrtum.

Warum die Liebe die stärkste Kraft im Universum ist

Wie stark Liebe sein kann und dass sie sogar die Geschicke der Menschheit lenken kann, zeigt Gandhi. Mahatma Gandhi führte Indien 1947 auf gewaltfreiem Weg zur Unabhängigkeit von der britischen Kolonialherrschaft. Seine Botschaft der Liebe und des Friedens inspirierte nicht nur Inder, sondern Menschen auf der ganzen Welt. Gandhi ist ein beeindruckendes Beispiel, dass ein einziger Mensch mit seiner Sehnsucht nach Liebe und Frieden die Geschicke eines großen Landes wie Indien lenken kann. Liebe ist nicht schwach. Liebe ist unendlich stark. Höhere Frequenzen wie die der Liebe und des Friedens sind außerdem um ein Vielfaches kraftvoller als niedrigere.

Besonders in dieser Zeit großer Herausforderungen politischer und gesellschaftlicher Natur ist es wichtiger denn je, uns in den höheren Oktaven der Liebe zu bewegen, Gegensätzliches zu überwinden, der Liebe und dem Frieden alle Macht zu geben. Nur mit Liebe, Mitgefühl und dem Bewusstsein, dass wir alle miteinander verbunden und Teil einer Menschheitsfamilie sind, können wir die Herausforderungen bewältigen.

Wie lebt ihr die höhere Oktave der Liebe in deiner Partnerschaft?

Im besten Fall kannst du auf eure Liebe zutiefst vertrauen, dich sicher und geborgen mit deinem Partner fühlen. Ihr bewältigt Herausforderungen gemeinsam. Ihr seid füreinander da und unterstützt euch gegenseitig. Ihr ermutigt euch bei der Verfolgung eurer Ziele und Träume. Eure Verpflichtung, bedingungslos füreinander da zu sein, trägt euch durch die Höhen und Tiefen des Lebens und lässt sie euch gemeinsam meistern. Ihr seid einander treu und eure Liebe ist mit tiefem Respekt für einander verbunden. Ihr achtet gegenseitig die Bedürfnisse, Wünsche und Meinungen des anderen. Ihr geht konstruktiv mit Unterschiedlichkeiten und Konflikten um. Ihr heilt gemeinsam alte Wunden.

Wie sieht die Realität aus?

Aus meiner eigenen 35-jährigen Seelenpartnerschaft und aus der Beratung mit vielen Menschen gilt es allerdings zu berücksichtigen, dass die höhere Oktave durch unsere Menschlichkeit nicht immer auf dem höchsten Level gelebt werden kann. Auch wenn die Seelenpartnerschaft mit Guido von einer außerordentlichen Liebe getragen ist, gab es Momente, in denen wir beide miteinander hätten respektvoller umgehen können, in denen Guido nicht für mich so da war, wie ich es mir vielleicht gewünscht hätte, und ich nicht für ihn. Nicht in allen Punkten haben wir uns gegenseitig unterstützt, nicht immer hatten wir die Bedürfnisse, Wünsche und Meinung des anderen im

Blick. Wir beide entsprechen nicht immer und in allen Punkten den Merkmalen der höheren Oktave der Liebe.

Die Liebe liebt einfach, auch wenn du dich nicht in den höheren Oktaven bewegst, wenn du gefangen bist, sogar selbst dann noch, wenn du nicht lieben kannst. Diese Liebe umarmt auch deine Schwächen. Sie liebt dich, selbst wenn du dich und den anderen ablehnst. Sie umarmt nicht nur das Helle, Schöne, Wunderbare, die offensichtliche Liebe, sondern auch die Niederungen unserer Beziehung, unseres Menschseins. Sie geht gütig mit uns und unserem Menschsein um.

Also: Falls du an irgendeiner Stelle in diesem Buch das Gefühl hast, nicht gut genug, nicht weit genug, nicht hübsch, nicht schön, nicht edel, nicht mitfühlend, nicht gütig, nicht freundlich, nicht liebend genug zu sein, wisse: Das Universum liebt dich. Und vor allem dein Seelenpartner. Er sieht hinter deine Schwächen, erfreut sich allein an deiner Anwesenheit. Er ist einfach glücklich, dass es dich gibt. Etwas in ihm und in dir weiß, dass eure Liebe kostbar ist und keine Schwierigkeit so groß sein kann, dass sie die Großartigkeit eurer Liebe dauerhaft überschatten kann. Selbst in Momenten, wo du, ihr an eurer Beziehung zweifelt, am liebsten alles hinwerfen würdet, liebt etwas einfach. Diese Liebe liebt trotz allem unbehelligt weiter. Sie liebt auch das, was dein Verstand und deine Erwartungen nicht verstehen und lieben können. Das ist die Güte und die Größe dieser außergewöhnlichen Liebe, die von der Liebe des Universums getragen ist. Ganz egal, ob du allein bist oder einen Partner hast, lass dich von der Liebe des Universums erfüllen.

4. Schreite zur Tat

Eigentlich müssen wir nicht nach unserem Seelenpartner suchen. Wir treffen ihn dann, wenn wir ihn treffen sollen. Hinzukommt, dass zwischen Seelenpartnern diese ungeheure Anziehungskraft besteht. Da dein Partner auf derselben Wellenlänge schwimmt, ziehst du ihn von selbst magnetisch an. Es ist, als würdet ihr dazu gezwungen werden, einander zu begegnen. Manche Menschen träumen sogar von ihrem Seelenpartner, bevor sie ihn treffen. Sie begegnen ihm in ihren nächtlichen Träumen vorher schon auf energetischer Ebene.

Auch wenn es letztendlich Fügung ist, wann und wo du deinem Seelenpartner begegnest, bedeutet das allerdings nicht, dass du untätig herumsitzen und dich in dein stilles Kämmerlein zurückziehen sollst. Vielleicht glaubst du, dass dir allein das Schicksal – ohne dein Zutun – deinen Seelenpartner vorbeischickt.

Kannst du auf einer Datingplattform deinen Seelenpartner finden?

Die meisten Menschen suchen heute auf Onlinedatingplattformen nach einem Partner. Vielleicht glaubst du daran, dass es keinen Sinn ergibt, im Internet nach einem Partner zu schauen? Vielleicht glaubst du, dass es dort zwar möglich ist, irgendeinen Partner zu finden, aber nichts Tiefsinniges, nicht deinen Seelenpartner. Ist eine Datingplattform unter deinem Niveau? Natürlich ist der Kontakt über Onlinedatingplattformen oft sehr oberflächlich. Aber genauso kenne ich Menschen, die ihren Seelenpartner auf einer Datingplattform kennengelernt und dann sogar geheiratet haben. Also warum nicht?

Außerdem sprechen unterschiedliche Onlinedatingplattformen unterschiedliche Menschen an. Überlege, welche Plattform am besten zu dir, deinen Werten und Vorlieben passt. Zeige in deinem Onlinedatingprofil ehrlich deine Persönlichkeit, deine Interessen und Absichten. Übertreibe nicht oder stelle dich nicht anders dar, als du wirklich bist. Unterlass – egal, ob online oder in Person – jegliche Art von Spielchen. Sei ehrlich. Du willst ja geliebt werden, wie du bist. Wenn du jemanden online kennenlernst, stelle Fragen, höre aufmerksam zu. Achte auch auf deine Online-Sicherheit. Veröffentliche keine persönlichen Informationen wie deine Adresse oder Telefonnummer in öffentlichen Profilen. Mit ein bisschen Übung lässt sich unterscheiden, ob eine Begegnung seriös ist oder nicht. Du kannst entsprechende

Fragen stellen und wenn du ein gutes Gefühl für Menschen hast, wirst du spüren, ob sich dieser potentielle Partner auf dem Niveau bewegt, das du dir wünschst. Egal, wie: Am Ende zählt, dass du deinen Seelenpartner gefunden hast.

Ein Seminarteilnehmer, Sebastian, der an vielen meiner Seminare allein teilgenommen hatte, sagte eines Tages zu mir: „Zum nächsten Seminar komme ich mit meiner Partnerin. Ich möchte uns beide anmelden.“ Ich war glücklich, dass er endlich seine Seelenpartnerin gefunden hatte. Und unglaublich: über eine Datingplattform, auf der sie einen Mann mit spirituellem Interesse in 1 km Umgebung suchte. Ich mochte Sebastian sehr gerne, während sich bei jedem Seminar viele Teilnehmer an seiner direkten und dominanten Art gestoßen haben. Er war wirklich ein Unikat, ein ungewöhnlicher Vogel mit ausgeprägten Ecken und Kanten. Es brauchte wirklich eine Frau, die damit umzugehen wusste. Und genau diese traf er. Verblüffend, dass sich zwei tief spirituelle Menschen über eine Datingplattform, in 1 km Umgebung, gefunden haben. Das ist nun bereits 15 Jahre her und sie sind immer noch glücklich miteinander.

Früher, lange Zeit vor dem Internet, haben Menschen Partnerschaftsannoncen in Zeitungen aufgegeben. Damals kursierte die Meinung, dass das nur jemand macht, der keinen Partner mehr findet, den keiner will. Partnerschaftsanzeigen umgab ein Hauch von Peinlichkeit.

Ich kann mich noch an eine Situation erinnern, in der sich einige über Partnerschaftsanzeigen lustig machten. Ich sagte: „Ich weiß gar nicht, warum ihr so abfällig darüber sprecht. Es ist doch wunderbar, wenn jemand den Mut hat, sich dazu zu bekennen, dass er sich nach einem Partner umschaut. Besser, als allein zu sein und so zu tun, als ob man es nicht nötig hätte. Am Ende zählt doch das Ergebnis!“ Entweder hat man ein Partner oder nicht. Entweder trifft man seinen Seelenpartner oder man wartet auf ihn.

Sei mutig und wage Neues

Ich kann dir nur empfehlen etwas zu wagen, offen und mutig zu sein. Nimm an Workshops oder Kursen teil. Besuche einen Koch-, Sport,- Tanz- oder Sprachkurs. Nimm Musik-, Gesangs-, Reit- oder Golfunterricht. Tritt einem Verein bei, einem Wander- oder Naturschutzverein. Engagiere dich ehrenamtlich für ein Thema, das dir am Herzen liegt. Schließe dich einer Sportmannschaft, einem Kunstclub oder einer Outdoor-Abenteuergruppe an. Besuche Yoga-Kurse, Sportveranstaltungen, Konzerte, Messen oder Festivals. Schaue dir den Veranstaltungskalender in deiner Region an. Wo gibt es Konferenzen, Vorträge, Seminare oder Fachveranstaltungen zu Themen, die dich interessieren? Neben der Möglichkeit, deinem Seelenpartner zu begegnen, erweiterst du dein Wissen.

Gemeinsame Hobbys sind außerdem eine großartige Möglichkeit, einen Partner zu finden, der deine Leidenschaften und Interessen teilt. Denn für eine langjährige Beziehung sind gemeinsame Hobbys hilfreich. Partnerschaften mit gemeinsamen Werten und Interessen sind stabiler und auch noch nach Jahren inspirierend.

Sprich mit deinen Freunden und deiner Familie über deinen Wunsch, einen Partner zu finden. Sie können dich nicht nur unterstützen, sondern kennen vielleicht zufällig jemanden, der zu dir passt. Auch Networking-Events und berufliche Konferenzen bieten nicht nur berufliche Chancen, sondern ebenfalls die Möglichkeit, deinen Seelenpartner kennenzulernen. Auch Plattformen wie LinkedIn, Facebook-Gruppen oder andere Online-Communities kannst du nutzen, um deinen Seelenpartner zu treffen. Manche Paare lernen sich auch auf Reisen kennen.

Säe Liebessaaten

Auch wenn vielleicht keine dieser Aktionen direkt zum Erfolg führt, hast du aktiv Saaten gesät und die entsprechende Energie in die Welt gegeben. Gib dich zu erkennen. Sage dem Universum und der Welt, dass du bereit bist, deinem Seelenpartner zu begegnen und etwas dafür zu tun. Manchmal säen wir Saaten an einer Stelle und ernten woanders. Vielleicht lernst du deinen Seelenpartner auf einem ganz anderen Weg kennen. Natürlich kannst du nichts erzwingen. Aber meine Erfahrung mit der Kunst der Manifestation zeigt, dass es sinnvoll und meist erfolgsversprechend ist, sich einem Ziel gedanklich, energetisch und auch mit entsprechenden Taten anzunähern.

Du gibst die Energie ins Universum. Und irgendwann antwortet es dir. Deswegen ist es wichtig, zunächst nicht enttäuscht zu sein, wenn du ausgehst und deinen Seelenpartner nicht sofort triffst. Wir sind gewöhnt, wenn etwas nicht direkt zum Erfolg führt, zu schnell aufzugeben. Bleibe dran. Habe notfalls einen langen Atem.

Öffne dich und empfange

Genieße es, auszugehen, Neues zu lernen und deinen Hobbys nachzugehen. Wenn du all das gerne tust, bist du glücklich und nicht zu fixiert auf deinen Seelenpartner. Denn bei allen Wünschen und allen Taten gilt es gleichzeitig, loszulassen. Klingt schwierig? Du brauchst nur deinen Wunsch auszusenden, dem Wunsch Taten folgen zu lassen, loszulassen und dich dann zu öffnen, um zu empfangen. Sei jetzt vor allem glücklich. Denn wenn du glaubst, dass du erst glücklich bist, wenn dein Seelenpartner in dein Leben tritt und dein Glück von ihm abhängt, sitzt du in der Falle. Sei jetzt glücklich.

Ich selbst habe Guido dann kennengelernt, als ich mit Männern abgeschlossen hatte und keinen Partner mehr wollte. Ich glaubte, eine weitere Enttäuschung gefühlt nicht mehr zu überleben. Ich wollte entweder die große Liebe oder keine Beziehung mehr. Guido ist dann in mein Leben geschneit, als ich komplett losgelassen hatte. Mir war glasklar: entweder eine außergewöhnlich große Liebe oder gar keine. Dann wäre ich lieber alleine geblieben.

Arrangiere dich also nicht mit einer halbwegs erträglichen Beziehung. Warte lieber auf deinen Seelenpartner. Aber wisse: Trotz einer klaren

Ausrichtung und konkreten Taten kannst du Liebe nicht erzwingen. Sie kommt wie ein Schmetterling. Plötzlich ist sie da. Plötzlich steht dein Seelenpartner vor dir. Dein Leben verwandelt sich.

Möge dein Wunsch in Erfüllung gehen. Mögest du deinem Seelenpartner begegnen und für alle Zeit eine glückliche Beziehung leben. Ich wünsche dir ganz viel Glück.

Was, wenn dich dein Seelenpartner nicht erkennt oder sich gegen eure Seelenpartnerschaft sträubt?

Wenn du das Gefühl hast, deinen Seelenpartner gefunden zu haben, er deine Gefühle aber nicht erwidert, kann das eine große emotionale Herausforderung sein. Du verstehst vielleicht die Welt nicht mehr und kannst die Liebe, die du zu deinem Seelenpartner empfindest, einfach nicht abstellen, obwohl du weißt, dass es dir nicht guttut, auf ihn zu warten. Die Frage, die du dir, bevor wir hier nach Lösungen suchen, ehrlich beantworten solltest: Gilt deine Liebe wirklich dem Richtigen, deinem echten Seelenpartner?

Vielleicht verbinden euch doch nur alte, sehr schmerzhafte Muster. Das kommt öfter vor, als wir denken. Vielleicht warten in Wahrheit dein wirklicher Seelenpartner und eine glückliche Beziehung ganz woanders auf dich. Schau dir deine Gefühle genau an: Dreht es sich hier vielleicht um unerfüllte Sehnsüchte, um dein altes Muster, nicht ausreichend geliebt zu sein und Liebe nur dort wertzuschätzen, wo du sie nicht bekommst?

Wenn dein potenzieller Seelenpartner keine romantischen Gefühle für dich hegt, versuche, diese Tatsache zu akzeptieren. Du kannst Gefühle nicht erzwingen. Akzeptiere, dass er nicht die gleiche Verbindung spürt wie du. Nur weil du glaubst, dass jemand dein Seelenpartner ist, bedeutet das nicht zwangsläufig, dass er das genauso empfindet. Wichtig ist dann, dass du dir daraus keine „Seelenpartnerschaft" konstruierst. Wenn derjenige, den du für deinen Seelenpartner hältst, deine Liebe nicht so erwidert, wie du es dir wünschst, lass los. Tauche nicht immer wieder ungefragt auf, wenn er dir sagt, dass er dich nicht sehen will. Rufe nicht dauernd an, wenn er den Kontakt abbrechen möchte, auch wenn es dir das Herz zerreißt.

Wie du weißt, habe ich vor Guido einen anderen Mann fälschlicherweise für meine große Liebe gehalten. Er hatte zwar Interesse an mir, aber seine Liebe hatte keine Substanz. Heute würde ich sagen: Er war verliebt, aber verspürte zu mir nicht die Intensität der Liebe, die eine Seelenpartnerschaft ausmacht.

Wenn dein vermeintlicher Seelenpartner dich nicht ausreichend liebt, ist die Wahrscheinlichkeit groß, dass es nicht dein Seelenpartner ist, sondern du ihn nur dafür hältst. Dann ist er einfach nicht der passende Partner für dich. Frage dich ernsthaft, ob du einen Partner willst, hinter dessen Liebe du herlaufen musst. Unerwiderte Liebe ist sehr schmerzhaft und kann langfristig zu starken Selbstzweifeln führen. Du hast das Gefühl, nicht gut genug zu sein, und fragst dich, was an dir falsch ist.

Bevor ich Guido kennenlernte, hatte ich bei anderen Männern immer das Gefühl, zu intensiv zu sein und zu sehr zu lieben. Guido war über die Intensität meiner Liebe, über meine Energie und Freude total glücklich. Wenn du den Falschen liebst, kann das dein Selbstwertgefühl erheblich beeinträchtigen, während du dich von einem Partner, der dich wirklich liebt, angenommen und wertgeschätzt fühlst.

Lass also besser los, konzentriere dich lieber auf dein Leben und schaue nach vorne. Das Leben hält noch viele andere wunderbare Möglichkeiten für dich bereit. Akzeptiere, dass dein potenzieller Seelenpartner möglicherweise nicht dein Seelenpartner ist. Wenn du zu sehr und zu lange an ihm festhältst, verhinderst du, deinem wahren Seelenpartner zu begegnen.

Es mag schmerzhaft sein, das zu akzeptieren. Vielleicht hast du das Gefühl, dass dir dann ein wesentlicher Teil deines Lebens verloren geht und dass du ohne die Liebe deines vermeintlichen Seelenpartners unvollständig bist. Manchmal dauert es Jahre, bis jemand akzeptiert, dass seine Liebe nicht erwidert wird. Bei manchen Menschen geschieht das leider nie vollständig. Dein Leben ist kostbar. Vergeude deine wertvolle Lebenszeit nicht. Außerdem, wenn es wirklich sein soll, wird das Leben immer noch Wege finden, euch zusammenzuführen. Da aber die Wahrscheinlichkeit so gering ist, dass dein vermeintlicher Seelenpartner dich plötzlich über alles liebt und zu dir steht, nimm Abschied.

Eine meiner Klienten, die mit dem Schmerz einer unerwiderten Liebe zu mir kam, hatte sich verrannt. Fast zehn Jahre lang lief sie ihrer großen Liebe hinter und wartete immer noch. Zutiefst enttäuscht und traurig wollte sie nicht von mir hören, dass sie loslassen muss, wenn sie nicht noch weitere 10 Jahre leiden will. Ich sagte ihr, dass ihr wirklicher Seelenpartner schon im Energiefeld sei und dass sie verhindere, ihm zu begegnen, wenn sie an dem anderen festhielt. Es ist nicht einfach sich einzugestehen, 10 Jahre lang einen Menschen für die große Liebe zu halten, der es in Wirklichkeit nicht ist, und loszulassen.

Eines Tages kam sie strahlend zu mir und sagte, dass sie sehr, sehr glücklich ist, endlich einen Mann gefunden zu haben, der ihre Liebe erwidert. Sie verstand gar nicht mehr, wie sie vorher an jemandem festhalten konnte, der ihre Liebe nicht zu schätzen wusste. Entgegen ihrer anfänglichen Widerstände gegen mich war sie dankbar, dass ich sie wachgerüttelt hatte.

Manchmal empfehle ich aber auch genau das Gegenteil: Wenn die Liebe deines Seelenpartners eigentlich da ist, aber er sich nicht wie erwartet verhält, weil er schwierige Erfahrungen hinter sich hat oder einfach etwas Zeit braucht, solltest du nicht zu schnell das Handtuch werfen. Dann ermutige ich, dranzubleiben und nicht aufzugeben.

Wenn du dir ganz sicher bist, dass es sich um deinen Seelenpartner handelt, dann ist allerdings wichtig, die Ursachen seines Widerstandes herauszufinden, um ihn besser zu verstehen. Manchmal lässt sich ein Seelenpartner nicht auf eine Beziehung ein, weil er dem Glück und der Liebe nicht mehr traut, weil er Angst hat vor Abhängigkeit und Bindung, davor, verlassen zu werden, sich selbst zu verlieren, oder weil er so in Äußerlichkeiten verhaftet ist, dass ihm der Zugang zur Seelenebene fehlt. Manche Seelenpartner haben auch Angst, sich zu öffnen, ihre Unsicherheit vor dem Seelenpartner nicht verbergen zu können. Wenn dein Seelenpartner sich trotz eurer beider so offensichtlichen Liebe gegen eure Beziehung wehrt, kann das verschiedene Gründe haben:

Fehlende Bewusstheit

Möglicherweise ist dein Seelenpartner noch nicht in der Lage, sich überwiegend auf der Herz- und Seelenebene zu bewegen. Vielleicht glaubt er auch nicht an Seelenpartnerschaft und kann mit Spiritualität nichts anfangen. Wichtig ist, ihn nicht von der Existenz einer Seelenpartnerschaft überzeugen zu wollen. Wenn eure Liebe tief ist, dann wirkt sie von selbst. Schweige, wenn es um das Thema Seelenpartnerschaft geht, und lass eurer Liebe ihren Lauf. Bedränge deinen Seelenpartner nicht.

Persönliche Blockaden oder Ängste

Vielleicht hindern deinen Seelenpartner unbewusste Glaubenssätze, Blockaden, innere Widerstände und die Angst vor Bindung und Verletzung, die Besonderheit eurer Liebe anzunehmen. Diese Blockaden können dazu führen, dass er sich vor tiefer Liebe schützt, aus Angst, dass alte Wunden wieder aufbrechen könnten.

Möglicherwiese ist dein Partner auch von der Intensität eurer Liebe überwältigt. Vielleicht kam er sein Leben lang sehr gut mit Oberflächlichkeit und einem starken Fokus auf die materielle Ebene klar, ohne jemanden näher an sich heranzulassen, geschweige denn seine Gefühle zu offenbaren.

Vielleicht hat dein Seelenpartner auch nie gelernt, tiefe Gespräche, liebevolle Worte, Gesten und Gefühle auszutauschen. Und plötzlich bist du da und zeigst ihm eine Welt von Verbundenheit, Liebe und Verständnis.

Oder dein Partner zieht sich aus Angst zurück und distanziert sich. Falls dein Partner tiefe Traumata mit sich herumträgt, ist er vielleicht aufgrund seiner Vergangenheit misstrauisch und zurückhaltend und versucht sich zu schützen. Wenn dein Partner in die Abwehr oder den Rückzug geht, entspanne dich. Mache dir die Ursachen seines Verhaltens bewusst. Versuche zu verstehen, dass er nur wegen seiner Ängste so handelt.

Timing und Lebensumstände

Vielleicht befindet sich dein Seelenpartner noch in einer anderen Beziehung oder seine berufliche Entwicklung oder die Fürsorge für seine Kinder stehen gerade im Vordergrund. Vielleicht hat er auch gerade so viel Stress und ist so involviert, dass er den Wald vor lauter Bäume nicht mehr sieht. Es kann auch sein, dass sich dein Partner in einer Lebensphase befindet, in der er einfach noch nicht bereit ist, sich ganz auf eine tiefe Verbindung einzulassen.

Auch verschiedenste Herausforderungen oder andere Verpflichtungen können die Ursache dafür sein, dass dein Seelenpartner seine Aufmerksamkeit und Energie für eure Beziehung momentan nicht ganz zur Verfügung hat. Langfristig gesehen sollte sich das aber ändern.

Lektionen und Wachstum

Es kann sein, dass dein Seelenpartner erst noch bestimmte Lektionen oder Wachstumsprozesse durchlaufen muss, bevor er eure Liebe ganz annehmen kann. Möglicherweise ist für ihn noch wichtig, bestimmte Aspekte seiner Persönlichkeit zu entwickeln.

Das kannst du tun:

Übe dich in Geduld

Akzeptiere, dass jeder Mensch seinen eigenen Prozess hat und dass dein Partner vielleicht etwas mehr Zeit benötigt. Respektiere den individuellen Zeitplan deines Partners. Zwinge ihn nicht dazu, etwas zu fühlen, wozu er noch nicht bereit ist. Gib ihm die Zeit und den Raum, die er braucht. Vertraue darauf, dass alles zum richtigen Zeitpunkt geschieht.

Richte den Fokus auf dich selbst und dein Leben

Während du auf deinen Seelenpartner wartest oder dein Partner in deiner bestehenden Beziehung voller Widerstände ist, nutze die Zeit, um an dir und deiner eigenen Entwicklung zu arbeiten. Richte deinen Fokus auf dich selbst und auf das, was dir Freude macht. Investiere deine Zeit und Energie in Aktivitäten und Menschen, die dich auch unabhängig von deinem Seelenpartner glücklich sein machen. Entwickle deine Stärken und Talente weiter. Nutze die Zeit für dich. Mache dein Glück von deinem Seelenpartner unabhängiger. Tue etwas, das du schon immer tun wolltest. Entdecke das Leben wieder neu.

Sprich mit deinem Seelenpartner und versuche ihn zu verstehen

Wenn du es als angemessen empfindest, sprich offen mit deinem Seelenpartner über deine Gefühle und deine Wahrnehmung. Teile deine Gedanken. Vermeide dabei aber, ihm Druck zu machen oder Erwartungen an ihn zu richten. Lass deinen Seelenpartner seine eigenen Erfahrungen machen. Höre offen und geduldig zu, wenn er über seine Gedanken und Gefühle spricht. Versuche ihn zu verstehen und auf ihn einzugehen. Versuche vor allem zu verstehen, welche Herausforderungen oder Ängste er gerade zu meistern hat.

Lass deine Erwartungen los

Versuche deine Erwartungen und Vorstellungen darüber loszulassen, wie deine Beziehung mit deinem Seelenpartner aussehen sollte. Es ist möglich, dass sich eure Verbindung auf andere Weise manifestiert, als du es dir vorgestellt hast. Sei offen für die Möglichkeit, dass sich eure Beziehung ganz anders entwickelt.

Setze Grenzen

Wenn du das Gefühl hast, dass dich eure Verbindung emotional belastet, ist es wichtig, auf dich selbst zu achten und Distanz zu nehmen. Das bedeutet nicht, dass du eure Verbindung aufgeben musst, sondern nur, dass du gut für dich selbst sorgst. Während du darauf wartest, dass sich dein Seelenpartner ganz für eure Liebe öffnet, ist es wichtig, dass du auf deine eigenen Bedürfnisse achtest. Achte darauf, dass du dich nicht zu sehr auf ihn fixierst und dich nicht von seinen Reaktionen abhängig machst.

Nimm professionelle Unterstützung in Anspruch

Wenn dich die ganze Situation sehr belastet, kann es hilfreich sein, dir therapeutische oder spirituelle Begleitung zu suchen. Ein erfahrener Therapeut oder Coach kann dir helfen, deine Gefühle zu verstehen und Wege zu finden, mit dieser herausfordernden Situation umzugehen.

Vertraue in den natürlichen Prozess

Vertraue darauf, dass das Universum seinen eigenen Plan hat und dass alles zu einem höheren Zweck und zum richtigen Zeitpunkt geschieht. Vertraue darauf, dass das Universum immer dein Bestes im Auge hat. Es gibt einen göttlichen Plan, eine höhere Ordnung, die dein Leben lenkt. Versuche, die Kontrolle loszulassen und in den natürlichen Prozess des Universums zu vertrauen. Vertraue darauf, dass das Leben noch viele wunderbare Möglichkeiten für dich bereithält. Konzentriere dich darauf, jetzt glücklich zu sein und das Leben zu genießen. Lebe jetzt unbeschwert und frei.

Öffne dich für andere Menschen

Dein Seelenpartner ist nicht die einzige Quelle für Liebe und Erfüllung in deinem Leben. Das Leben hat viel mehr zu bieten. Sei offen dafür, neue Menschen kennenzulernen und ihnen eine Chance zu geben. Vielleicht gibt es andere Menschen, die dich ergänzen, bei denen du dich wertgeschätzt, geborgen und angenommen fühlst. Öffne dich für neue Kontakte und Verbindungen. Setze nicht alles nur auf die „Seelenpartnerkarte“.

Wo ist dein Seelenort, dein bester Platz zum Leben?

Seelenorte sind nicht nur geografische Standorte, sondern sie verbinden uns mit unserer Seele. Genauso wie unser Seelenpartner in uns das Gefühl auslösen kann, endlich angekommen zu sein, gibt es Orte, wo wir hingehören, an denen unsere Seele zu Hause ist. Wo auch immer dieser sein mag – das Dorf, in dem du aufgewachsen bist, am Meer, in den Bergen oder in einem fernen Land –, dort atmest du auf und fühlst dich auf unerklärliche Weise geborgen. An diesem Ort ist deine Seele zu Hause. Er entspricht deinem innersten Wesen.

Manche Orte harmonieren mit unserer ureigenen Energie besser als andere. Wenn deine Energie auf einem höheren Level schwingt, verlierst du an einem Platz mit niedrigschwingender Frequenz an Energie. Während du dich an einem Platz, der dir energetisch entspricht, aufgeladen fühlst. An einem Ort, der dir entspricht, kannst du dein Potenzial bestmöglich entfalten. Er kann in dir Freude auslösen und eine tiefe emotionale Verbindung zu deiner inneren Welt herstellen. Du kommst zur Ruhe und kannst deine Seele baumeln lassen. Du spürst, dass du zu Hause bist. Du hast deine Heimat gefunden.

Vielleicht bist du in den Bergen aufgewachsen, fühlst dich aber am Meer besonders wohl. Oder du bist in der Stadt geboren, blühst aber auf dem Land so richtig auf. Vielleicht befindet sich dein Lieblingsort im Ausland. Die Landschaft, die Kultur entsprechen dir ebenso wie das Klima und die Vegetation. Die Menschen sind dir vertraut. Du kommst schnell mit ihnen in Kontakt. Es ist, als wäre dieser Ort ein Fenster zu deiner inneren Welt und zu deiner Lebendigkeit. Du fühlst dich leicht und unbeschwert.

An deinem Seelenort zu leben, kann sich auch sehr positiv auf deine Gesundheit auswirken. Denn Untersuchungen zeigen, dass Menschen, die in einer Umgebung leben, die ihnen entspricht, kraftvoller und vitaler sind. An deinem Seelenort findet du Ruhe. Du willst am liebsten nicht mehr weg, bist mit dir und deinem Leben im Reinen. Wie Pflanzen an bestimmten Orten am besten gedeihen und die entsprechende Erde und das optimale Licht zum Wachsen brauchen, so gedeihst auch du am besten in einer dir entsprechenden Umgebung. Deine Gedanken, Gefühle und vor allem Taten fallen dort auf fruchtbaren Boden. Du fühlst dich inspiriert. Dir kommen geniale Ideen und Einsichten.

Natürlich können uns weder ein Ort noch unser Seelenpartner allein erfolgreich und glücklich machen. Letztendlich geht es darum, Heimat in uns zu finden, egal, an welchem Ort und mit welchen Menschen wir gerade sind. Kein äußerer Platz, nicht einmal das Paradies, kann uns das schenken. Wir könnten im Paradies leben, würden es aber nicht einmal erkennen, geschweige denn genießen, wenn wir unsere Ängste, unseren Mangel, unsere Zweifel, unseren Ärger, unsere Unzufriedenheit und unsere Probleme mitnehmen. In Wahrheit leben wir schon im Paradies, können es nur nicht erkennen, wenn wir in Angst und Mangel gefangen sind. Vor uns selbst können wir nicht davonlaufen, egal, wohin wir gehen. Wir nehmen immer uns und unsere Probleme mit.

So gilt es, egal, ob es sich um deinen Seelenpartner oder deinen Seelenort dreht, stilles Glück in dir zu finden, heimzukehren zu dem Ort in deinem Inneren, wo die Seele mit dem Licht der ewigen Heimat verbunden ist. Im Göttlichen ruhend wirst du dann schon zu den Orten geführt, die die Freude in dir nähren. Denn es besteht kein Widerspruch darin, sowohl deine innere als auch deine äußere Heimat zu finden. Sie vervollkommnen sich auf wunderbare Weise. Wenn wir aus uns selbst heraus glücklich sind, ist das Sahnehäubchen, von Menschen umgeben und an Orten zu sein, die uns zutiefst entsprechen. Wir haben nun einmal individuelle Charaktereigenschaften,

Vorlieben, Gedanken, Gefühle und Verhaltensweisen, die mit manchen Menschen und Orten besser harmonieren als mit anderen. Menschen und Orte, die uns entsprechen, unterstützen uns dabei, unsere Flügel zu entfalten. Ein bestimmter Ort kann Heilung begünstigen, ein anderer hingegen Ängste erzeugen.

Wo bist du zu Hause?

Ist es der Ort, an dem du aufgewachsen bist? Oder wusstest du – wie ich von Kind an –, dass du dort nicht hingehörst, dass du eines Tages woanders leben würdest? Ich bin in einer Gegend geboren worden, die meiner Seele so gar nicht entsprochen hat. Aber es war für mich der beste Ort, um in vielerlei Hinsicht schnellstmöglich zu lernen.

Nur wie erkennst du deinen Seelenort? Welche Faktoren machen einen Ort zu deinem Seelenort? Eine besondere Atmosphäre in einer bestimmten Stadt, in der du dich willkommen fühlst, eine atemberaubende Landschaft, an der du dich einfach nicht sattsehen kannst, oder eine Stadt mit einer beeindruckenden Geschichte, die förmlich in der Luft liegt. Vielleicht ist es die Architektur, die Menschen, die Gespräche, ein entspanntes Lebensgefühl, das Gefühl am Puls der Zeit oder weit weg von allem zu sein, das einen Ort zu deinem Seelenort werden lässt. Vielleicht liebst du die Stadt, das Leben und Treiben auf den Straßen, die bunte Mischung aus den unterschiedlichsten Menschen, die Cafés und Restaurants. Vielleicht spielt aber bei dir die Natur eine herausragende Rolle. Du liebst das Meer, das sanfte Rauschen der Wellen, die schneebedeckten Berge, einen bestimmten See oder bunte Wälder. Vielleicht macht es dir besonders Spaß, die Berge zu betrachten oder dem Meeresrauschen zuzuhören.

Ein ausschlaggebender Faktor kann auch dein Charakter, dein Temperament sein. Wenn du gerne spontan handelst, über ein feuriges Temperament verfügst, fühlst du dich vielleicht in südlichen Ländern wohl. Brauchst du jedoch viel Sicherheit und klare Strukturen, fühlst du dich eher in Deutschland, der Schweiz oder in Österreich zu Hause.

Bist du hochsensibel, hell- oder energiefühlig, lebst du vielleicht gerne ohne Nachbarn, liebst wie ich die Stille, die Einsamkeit in der Natur, in der du dich ohne zu viele Reize auf dich besinnen kannst.

Willst du überhaupt an deinem Seelenort leben?

Du musst nicht immer umziehen oder sogar auswandern. Ein Ort in deiner Nähe, in der Natur, in einem kleinen Städtchen oder Dorf, den du in deinem Alltag aufsuchen kannst, kann dein Rückzugsort sein. Der Besuch dieses Ortes hilft dir in Stresssituationen, dich zu beruhigen und neue Kraft zu schöpfen. Vielleicht bist du aber bereits an deinem Geburtsort superglücklich. Dann ist das dein Seelenort. Manche Menschen haben auch mehrere. Seelenorte können sich aber auch im Laufe der Zeit ändern, wenn du dich weiterentwickelst oder mit neuen Lebensumständen konfrontiert bist.

Zu wissen, wo dein Seelenort ist, kann auch deswegen wichtig sein, weil du an einem Ort, der dir entspricht, vermehrt auf Seelenverwandte und vielleicht sogar auf deinen Seelenpartner triffst. Denn Menschen, die dasselbe Lebensgefühl und ähnliche Werte teilen, fühlen sich von denselben Orten angezogen.

Die Aufgabe von Seelenorten liegt auch darin, uns mit für uns wichtigen Menschen zu verbinden. Oftmals kann das, wie bei einem Klienten von mir, sogar die Seelenpartnerin sein. Er zog an seinen Seelenort und traf ein paar Monate später seine große Liebe, nach der er so lange gesucht hatte. Die Wahrscheinlichkeit, unseren Seelenpartner an unserem Seelenort zu treffen und auch dort eine glückliche Beziehung zu führen, ist höher als an einem anderen Ort.

Mein Leben an meinen beiden Seelenorten

Bei mir war und ist das Leben an meinen Lieblingsorten von großer Bedeutung. Ich empfinde einen großen Segen und Dankbarkeit, dass ich an den Orten leben darf, an denen ich mich zu Hause fühle.

Geboren und aufgewachsen im Ruhrgebiet, hatte ich von Anfang an das Gefühl, am falschen Platz zu sein. Es war quälend, in einer Gegend zu leben, die mir überhaupt nicht entsprach. Ich wusste immer, dass ich sie, sobald ich alt genug bin, verlassen würde.

Seit 33 Jahren lebe ich nun mit Guido in Bayern. Im Chiemgau in den Bergen fühlte ich mich sofort zu Hause. Dabei rieten uns die meisten davon ab: „Ihr werdet sicherlich nicht in einem bayerischen Bergdorf akzeptiert werden, geschweige denn euch zu Hause fühlen. Vor allem du, Barbara, ein so freier Mensch, wirst dich von der Enge der bayerischen Tradition eingeengt fühlen." Doch das Gegenteil war der Fall: Die Mentalität der Menschen in den Bergen entsprach mir. Guido und ich haben uns von Anfang an hier akzeptiert gefühlt. Ich erlebe auch die Traditionen nicht als einengend, sondern als besonders kraftvoll. Ich kann hier aufatmen.

Wenn man mich fragen würde, wo ich hingehöre, dann sind das die Chiemgauer Alpen und der Kaiserwinkel. Meine Wurzeln sind dort. Es gibt Orte, an denen der Himmel die Erde zu berühren scheint. Die Schönheit der Natur ist dort unglaublich. Wenn ich die Bergspitzen sehe, dann hüpft mein Herz vor Freude. Wenn ich den Kühen beim Grasen zuschaue und ihre Glocken läuten höre, bin ich glücklich. Ich brauche nichts mehr. Diese Stille, dieser Luxus, die pure Natur, diese Idylle.

Inzwischen leben wir, wenn wir in Europa sind, den Sommer über hauptsächlich auf einer Alm in Tirol. Wir haben fast die ganze Welt bereist. Ich kann überall arbeiten, kann dort leben, wo ich will. Doch am meisten liebe ich die Alpen und die Menschen dort. Gefühlt bin ich hier geboren worden.

Es kündigte sich schon in meiner Kindheit an, als meine Mama meinem Bruder und mir meine Lieblingsgutenachtgeschichte vorlas: den Schellen-Ursli. Ich war wie besessen vom Schellen-Ursli und dem Leben in den Alpen. Ich malte die Almhütte, die Kuhglocken und den Schellen-Ursli ab. Mein Bruder verdrehte seine Augen. Fast jede unserer Nächte wurde mit dem Eintauchen in Schellen-Urslis Alm- und Kuhglockenwelt „eingeläutet".

Ich habe allerdings seit über 10 Jahren noch ein zweites Zuhause, an dem ich einen Teil des Jahres lebe: Bali. Wir haben nie nach einem zweiten Lebensmittelpunkt gesucht. Alles begann damit, dass ich vor 20 Jahren davon träumte, mit einer Freundin unter einem Wasserfall von einem Regenbogen umhüllt zu stehen.

Es war, als wäre es ein direkter Durchgang in himmlische Sphären. Bis dahin dachte ich immer, dass das Paradies ausschließlich in unserem Inneren existiert und war dankbar, es in meinem Inneren gefunden zu haben. Überrascht wachte ich mit dem Wissen auf, dass es einen Ort bzw. Orte gibt, die wie ein irdisches Tor zum Himmel sind. Ich kannte einige wenige Plätze in den Alpen, die über diese Qualität verfügen. Aber das, was ich in diesem Traum erfuhr, überstieg alle meine bisherigen Erfahrungen.

Als ich aufwachte, sagte ich zu Guido: „Diesen Platz muss es auf der Erde geben, aber ich weiß nicht, wo er ist. Ich würde ihn gerne finden, habe aber keinerlei Anhaltspunkt."

Ich vergaß diesen Traum wieder, bis ich eines Tages mit genau dieser Freundin und einer Seminargruppe einen heiligen Wasserfall auf Bali besuchte. Als ich mit dieser Freundin unter diesem Wasserfall stand, bildete sich auf einmal ein Regenbogen um uns herum.

Ich schaute an die Felswand, an der das Wasser herunter strömte. Plötzlich schaute ich mit offenen Augen in den Felsen hinein. Es eröffnete sich eine Dimension, die nicht von dieser Welt war. Ich registrierte auf einmal, dass ich genau das wiedererlebte, was ich einst geträumt hatte: an demselben Ort, mit meiner damaligen Freundin, umgeben von einem Regenbogen. Ich sagte zu ihr: „Das ist Wahnsinn. Das ist alles genau so wie in dem Traum, von dem ich dir erzählt habe."

„Ja, nun ist er Wirklichkeit. Unglaublich. Ich fasse es nicht", meinte auch meine Freundin.

Nach der Seminarreise wieder zu Hause angekommen, fragte mich mein Mann: „Wie hat dir Bali gefallen? Sollen wir Bali noch einmal allein bereisen, ohne dass du dort ein Seminar gibst?"

„Das Einzige, was mich berührt hatte, war meine außergewöhnliche Erfahrung am Wasserfall. Von mir aus müssen wir auf keinen Fall nach Bali, aber wenn es dir wichtig ist, fliege ich gerne mit dir dorthin. Ich weiß nicht, was alle mit Bali haben. Ich konnte damit nicht viel anfangen", antwortete ich.

Guido akzeptierte das. „Dann fliegen wir nicht. Es gibt noch so viele andere schöne Plätze auf der Welt." Damit war das Thema Bali beendet.

Nach weiteren Reisen besuchten wir einige Jahre später Sansibar. Sansibar war wunder-, wunderschön – traumhafte weiße Strände und sehr herzliche Menschen. Wir hatten jetzt fast die ganze Welt bereist, doch unsere Reiselust schien dort zu enden. Wir forschten nach den Gründen: Die Energie auf Sansibar war niedriger als die, in der wir uns normalerweise bewegten. Unsere Reiselust, die uns fast in die ganze Welt geführt hatte, wurde von dem Gefühl abgelöst, nur noch an Orten sein zu wollen, die uns wirklich entsprechen, an energetisch hochschwingenden Orten. Und davon gibt es leider nicht so viele.

Die Nacht, nachdem ich mich mit Guido zu dem Thema ausgetauscht hatte, träumte ich von einem weisen Lehrer, zu dem ich weiter gar keinen Bezug hatte: Er sagte zu mir: „Du musst nach Bali. Deine Energie ist mit Bali verbunden."

Als ich aufwachte, verkündete ich Guido: „Ich muss nach Bali. Und weißt du was: Ich habe dazu überhaupt keine Lust. Ich will nicht. Aber trotzdem muss ich dorthin fliegen, selbst wenn dort Herausforderungen auf mich warten. Es wird seinen Sinn haben."

Als ich ein paar Wochen später auf Bali aus dem Flugzeug stieg, nahm ich es anders wahr als beim ersten Mal. Ich hatte keine Verantwortung für eine Gruppe und war allein. Diesmal berührte mich Bali auf unerklärliche Weise.

Seit über zehn Jahren bin ich nun jedes Jahr auf Bali. Es ist mein zweites Zuhause. Manchmal lebe ich acht Monate auf Bali und nur vier in den Alpen. Manchmal acht Monate in den Alpen und vier auf Bali.

Je nachdem, wie das Leben es gerade will. Wir haben dort mit Freunden ein Hilfsprojekt für die Unterstützung armer balinesischer Familien, Kinderpatenschaften und Umweltprojekte ehrenamtlich aufgebaut. Ich habe dort ein gutes soziales Netz und Freunde, die mir wichtig sind. Ein Teil meiner Seele ist auch dort zu Hause. Bali hat genau wie die Alpen seine Vor- und Nachteile. Wenn ich wie jetzt auf der Alm bin, bin ich glücklich. Ich vermisse Bali nicht. Sobald ich Bali vergesse, ist es, als würde es nach mir rufen. Bali taucht dann manchmal nachts in meinen Träumen auf. Aber ganz egal, ob Bali oder die Alpen, für mich war und ist das Wichtigste, Heimat in mir selbst und in Gott gefunden zu haben.

Seelenorte erleichtern dir vieles

Ich möchte dir Mut machen, an deinem Seelenort zu leben, oder falls du ihn noch nicht kennst, dich zu ihm führen zu lassen. Ich möchte dir Mut machen, wenn du dich an dem Platz, an dem du geboren wurdest, zu Hause fühlst: Lass dich von Weltreisenden wie mir nicht verunsichern und genieße dein Glück. Prüfe einfach nur, ob der Platz, an dem du lebst, der richtige ist. Selbst wenn du nicht an deinem Seelenort lebst, kannst du glücklich sein. Du kannst dir kleine Oasen in dein Leben einbauen. Außerdem kannst du an deinem Seelenort leben und unglücklich sein oder an einem Ort, der dir nicht entspricht, mit dir selbst und der Welt in Frieden.

Falls du das Gefühl hast, dass du nicht am richtigen Ort bist, aber auch nicht weißt, wo du hingehörst, kannst du darum bitten, dorthin geführt zu werden. Vielleicht ergibt sich zunächst eine Zwischenstation, die dich dann zu dem Ort führt, der dir entspricht.

Seelenorte erleichtern uns vieles, aber sie täuschen nicht darüber hinweg, dass wir das Glück in uns finden, mit uns und der Welt in Frieden sein müssen. Wenn du magst, kannst du dir folgende Fragen stellen, die dich zu deinem Seelenort führen können: Ist deine Heimat in diesem Land, aber in einer anderen Stadt oder einem anderen

Bundesland? Würdest du gerne auf einem anderen Kontinent leben? Liegen dir die Menschen und ihre Mentalität hier vielleicht nicht? Hinzukommt, dass das Wetter nicht deines ist? Reicht es dir auch nicht mehr, nur mal in den Urlaub zu fahren? Hat deine Seele dich schon immer woanders hingetrieben? Kannst es dir nicht erklären, warum du auf der Suche bist, denn keiner in deiner Familie hat das gleiche Bedürfnis wie du? Du möchtest weg, aber nicht aus einem Fluchtgedanken heraus, sondern weil deine Seele dir immer wieder sagt: Du bist nicht am richtigen Platz.

Höre in dich hinein, zu welchen Orten und Ländern du dich hingezogen fühlst.

Was hält dich zurück?

Vielleicht hast du Einwände und Zweifel, dass sich dein Traum, an deinem Seelenort zu leben, nicht umsetzen lässt. Vielleicht fragst du dich, wie du an einem anderen Ort Geld verdienen und wovon du leben sollst. Halte trotzdem das Unmögliche für möglich. Wenn du zu früh aufgibst, beraubst du dich der wundervollen Erfahrung, dass dein Traum Wirklichkeit wird. Aus eigener Erfahrung und der vieler Menschen, die ich beraten habe, kann ich dir sagen: Es ist so viel mehr möglich, als du denkst. Nur unsere beschränkten Glaubensmuster und unsere Ängste halten uns klein und lassen uns unsere Möglichkeiten nicht erkennen. Wenn es wirklich dein Traum ist, an deinem Seelenort zu leben, wird das Universum dich unterstützen. Doch manchmal bedarf es des Durchhaltevermögens und vor allem des Mutes, das Undenkbare zu wagen.

Auch wenn dein Wunsch vielleicht nicht sofort umsetzbar ist, kannst du erste Schritte in die richtige Richtung setzen. Du kannst dich an deinem Seelenort oder in der Nähe bewerben. Du kannst monatsweise dort leben, Kontakte knüpfen, Anzeigen schalten. Es gibt so viele Möglichkeiten. Beginne jetzt. Es lohnt sich. Ich wünsche dir dabei ganz viel Glück.

Wenn du dir immer noch nicht sicher bist, wie der beste Platz zum Leben für dich aussieht, dann beantworte folgende Fragen, ohne zu lange zu überlegen:

Wo und wie würdest du wohnen, wenn du es dir ganz frei aussuchen könntest?

An welchem Ort würdest du gerne leben? In der Stadt oder auf dem Land? In Deutschland, in Europa? Oder würdest du gern in ein fernes Land auswandern?

Welcher ist der Ort, der dich nicht mehr loslässt? Was macht für dich einen Ort zu einem Seelenort?

Würdest du gerne allein, mit deinem Partner, einer Freundin, in einer WG, einem Mehrgenerationenhaus, einem Ökodorf oder in einer Gemeinschaft leben?

Würdest du gerne von zu Hause aus, von überall auf der Welt als digitaler Nomade arbeiten; oder ins Büro gehen?

Was fehlt dir noch dazu oder hindert dich daran, so zu leben?

Was oder wer könnte dich unterstützen?

Was kannst du sofort umsetzen, um deinem Traum näherzukommen?

Wie du die Herausforderungen einer Seelenpartnerschaft meisterst

Wir wünschen uns: Wir leben mit unserem Seelenpartner und dann ist alles gut. Keine Konflikte, immer Harmonie und Frieden, wir sind füreinander da, verstehen einander, haben immer das Beste unseres Partners im Auge und er unseres. Wir entwickeln uns gemeinsam, kein Streit, kein böses Wort. Wir gehören für immer zusammen und nichts kann uns jemals trennen. Große Liebe – große Gefühle. Alles ist einfach nur gut.

In der Realität sieht es selbst in Seelenpartnerschaften oftmals anders aus. So wundervoll Seelenpartnerschaften auch sind, so groß ihre Geschenke, sie können uns gleichzeitig vor enorme Herausforderungen stellen. Denn eine Seelenpartnerschaft kann starke emotionale Turbulenzen auslösen. Die intensiven Gefühle der Anziehung, des Vermissens und der Verbundenheit können eine große Bandbreite von Emotionen mit sich bringen, wie Liebe, Angst, Unsicherheit, Eifersucht und Wut. All diese Herausforderungen dienen dazu, uns aus unserer Komfortzone herauszubewegen und unsere Grenzen zu erweitern. Sie erfordern Selbstreflexion, Vergebung und den Mut, alte Verhaltensmuster und Glaubenssätze loszulassen. Durch die Bewältigung der Herausforderungen, die eine Seelenpartnerschaft mit sich bringen kann, können wir wachsen und reifen.

Es mag Situationen geben, in denen du das Gefühl hast, du hältst das nicht mehr aus. Doch die Liebe hilft dir, stärker zu sein und über deine Begrenzungen, deine Bequemlichkeiten und deine Verletzungen hinauszuwachsen. Herausforderungen und Auseinandersetzungen gibt es natürlich in den meisten Partnerschaften.

Doch folgende Herausforderungen sind besonders typisch für Seelenpartnerschaften:

Dein Ego wird herausgefordert, deine Blockaden aktiviert

Weil unser Seelenpartner uns so gut kennt, weiß er auch um unsere Schwächen. Er kennt uns – mit allen Ecken und Kanten. Er zeigt uns, wo wir wirklich stehen. Er korrigiert uns bewusst oder unbewusst, wenn wir uns nicht mehr im Gleichgewicht bewegen, wenn wir dringend lernen und uns erweitern müssen.

Unser Seelenpartner spiegelt oftmals auch Aspekte von uns, die wir nicht bewusst wahrnehmen. Er kann uns unsere Stärken, Schwächen, Ängste und ungelöste Themen aufzeigen. In diesem Spiegel sehen wir, was wir bisher verdrängt haben: zerstörerische Denk- und Beziehungsmuster, Ängste und blockierende Schutzmechanismen.

Wir können jedoch tiefe Selbsterkenntnis erlangen und an unseren Schwächen arbeiten. Unser Seelenpartner kann uns dabei helfen.

Warum in einer Seelenverbindung unser Entwicklungspotential enorm hoch ist

Die Intensität eurer Liebe hält dich auch dann bei deinem Partner, wenn du dich schon lange getrennt hättest. Anstatt wegzurennen, was wir normalerweise täten, verhindern die Liebe und der zu erwartende Schmerz einer Trennung meist, dass du die Beziehung tatsächlich beendest. Denn eine Trennung wäre noch schmerzhafter, als dich deinen Schwächen zu stellen. Die große Chance ist, dass du gemeinsam mit deinem Seelenpartner Licht in deine Schattenseiten bringen und dich und deinen Partner mit allen Schwächen und Stärken annehmen lernst.

Um eine langjährige Seelenpartnerschaft zu führen, muss die Liebe stärker sein als alle Gegensätze, als alle Verletzungen, als Schuldzuweisungen, als alle Hindernisse und aller Streit. Manche beenden allerdings lieber die Beziehung, als ihren Stolz und ihr Ego verbrennen zu lassen. Manchmal stehen wir auf der Leitung und brauchen ein paar schmerzhafte Wiederholungen, um zu lernen. Auch das ist in Ordnung.

Eine Seelenpartnerschaft braucht vor allem die Bereitschaft, die Liebe über alles zu stellen, über alle Hindernisse und Bequemlichkeiten. Wenn du nicht vor den Herausforderungen zurückweichst, kann dich eine Seelenpartnerschaft in die Größe deiner Seele führen.

Warum eine gewisse seelische Reife wichtig für eine Seelenbeziehung ist

Falls für beide Partner oder einen von beiden Spiritualität kein Thema ist, sie aber sehr in der Liebe verankert sind, kann diese Partnerschaft äußerst glücklich verlaufen. Andersrum kann eine Seelenpartnerschaft, selbst wenn beide sich mit Spiritualität beschäftigen, aber nicht wirklich tief im Herzen ruhen, sehr leidvoll sein.

Eine glückliche Partnerschaft ist in Verbundenheit und Liebe verwurzelt. Verbundenheit, Liebe, Güte und Mitgefühl, das ist die Sprache der Seele, das Geheimnis glücklicher Beziehungen. Eine Seelenpartnerschaft setzt also voraus, dass wir nicht bei der ersten Herausforderung das Handtuch schmeißen.

Wer glaubt, dass wegen der Schwächen seines Partners eine Partnerschaft mit einem anderen Menschen einfacher wäre, irrt oftmals. Unsere eigenen Schwächen und blinden Flecke nehmen wir nämlich in die nächste Partnerschaft mit. Wenn wir die Lektionen mit unserem Seelenpartner nicht lernen wollen, bekommen wir sie beim nächsten Partner oftmals viel schmerzhafter präsentiert. Deswegen möchte ich dich ermutigen, nicht so schnell aufzugeben. Denn es lohnt sich.

Falsche Erwartungen und Vorstellungen sorgen für Konflikte

In einer Seelenpartnerschaft können zu hohe Erwartungen zu Enttäuschungen führen. Wir spüren all die unglaublichen Übereinstimmungen und können geneigt sein zu erwarten, dass unser Partner uns immer versteht, immer für uns da ist, uns nie enttäuscht und all unsere Bedürfnisse erfüllt.

Dabei dürfen wir dankbar sein, wenn er uns oftmals versteht, meist an unserer Seite ist und uns unterstützt. Niemand kann in jedem Moment perfekt die Gedanken und Gefühle des anderen lesen. Manchmal kennen wir uns ja nicht einmal mit uns selbst aus. Es ist unrealistisch zu erwarten, dass unser Partner immer genau weiß, was wir brauchen, ohne es auszusprechen. Auch wenn wir in einer Seelenpartnerschaft oftmals die Gedanken und Gefühle des anderen wahrnehmen können, ist es wichtig, dass wir uns zusätzlich aktiv um unsere Beziehung und um eine gute Kommunikation bemühen. Von nichts kommt nichts.

Außerdem ist unser Partner nicht da, um unsere Erwartungen zu erfüllen. Wenn du Konflikte mit deinem Partner hast, überprüfe zunächst einmal deine Ansprüche und Erwartungen, und lass sie los. Die große Herausforderung in der Liebe besteht darin, deinen Partner zu lieben, wie er ist, selbst wenn er deinen Erwartungen nicht entspricht. Es gilt, dich voller Demut vor der Schöpfung zu verneigen und anzuerkennen, dass sie deinen Partner genauso erschaffen hat, wie er ist. Der Schöpfung ist mit deinem Partner kein Fehler unterlaufen. Außerdem willst du selbst auch geliebt sein, wie du bist, und nicht immer seine Erwartungen erfüllen.

Anstatt unsere Erwartungen infrage zu stellen, machen wir unserem Partner Vorwürfe. Es ist einfach, jemanden zu lieben, wenn er unseren Vorstellungen entspricht. Die Größe der Liebe zeigt sich dann, wenn wir ihn mit und trotz aller Schwächen lieben.

Vor allem wenn unser Partner uns aufregt, gilt es, in den Spiegel zu schauen und uns zu fragen: Wo verhalten wir selber uns genauso, ohne es zu bemerken? Falls wir dieses Verhalten von uns nicht kennen, sollten wir uns fragen: Würde es mir guttun, diesen Aspekt, diese Energiequalität mehr zu leben? Oftmals entstehen Konflikte dann, wenn wir selbst nicht in der Balance sind, eine Verhaltensweise zu wenig oder zu übertrieben leben. Konflikte entstehen, wenn sich unsere Energien und die unseres Partners polarisieren. Vielleicht bist du viel zu sanft und nachgiebig und dein Partner zu kämpferisch und machtbewusst. Für dich wäre es vielleicht gut, manchmal klare Grenzen zu setzen, und für deinen Partner, gütiger und nachsichtiger zu sein. Dann ist es klug, dein Verhalten zu verändern und von deinem Partner zu lernen, wie du dich klarer abgrenzt.

Wichtig ist es, beide Verhaltensweisen zur Verfügung zu haben, um der jeweiligen Situationen entsprechend weise reagieren zu können. Wenn dein Partner deinen Erwartungen also nicht entspricht und du dich darüber ärgerst, frage dich, was du über dich lernen darfst. Mache dir auf jeden Fall bewusst, dass dein Glück nicht von dem Verhalten deines Partners abhängig ist. Denn normalerweise fühlen wir uns unseres Glücks beraubt, wenn unser Partner nicht unseren Erwartungen entspricht. Wir haben das Gefühl, dass wir glücklicher wären, wenn er sie erfüllen würde. Wichtig ist auch, nicht immer nur uns und unsere Bedürfnisse im Auge zu haben, sondern Kompromisse einzugehen. Aber ganz egal, wie dein Partner sich verhält, gib ihm nicht die Macht über dein Glück. Du kannst glücklich sein, unabhängig davon, wie sich dein Partner verhält.

Eine weitere große Herausforderung ist, dass je länger und harmonischer eine Seelenpartnerschaft verläuft, unsere Ansprüche und Erwartungen zunehmen und wir diese Harmonie als selbstverständlich nehmen. Manchmal kann das so weit gehen, dass wir totale Perfektion von unserem Partner erwarten und dass unsere Wertschätzung und unsere Bemühungen um unsere Beziehung und unseren Partner nachlassen. Schwierig wird es, wenn all diese Geschenke, die eine Seelenpartnerschaft beinhaltet, als selbstverständlich hingenommen werden. Wichtig ist, dir bewusst zu sein, dass eine glückliche Seelenpartnerschaft nicht selbstverständlich ist, sie nicht einfach so vom Himmel fällt, sondern kontinuierlichen Einsatz, Lernbereitschaft, Güte, Verständnis und ein Bemühen um den anderen und um eure Liebe verlangt.

Das Bewusstsein, dass eine Seelenpartnerschaft ganzen Einsatz, Selbstkritik und eine starke Liebesfähigkeit voraussetzt, hilft dir, Enttäuschungen zu minimieren und die Geschenke zu erkennen. Denn wenn eine Beziehung sehr harmonisch verläuft, besteht die Gefahr, dass sie so selbstverständlich wird, dass wir uns nicht mehr ausreichend bemühen.

Die Selbstverständlichkeit unseres Glücks kann dazu führen, dass es eines Tages aufgebraucht zu sein scheint und wir uns schlagartig mit großen Herausforderungen konfrontiert sehen. Deswegen ist ganz wesentlich, dass wir in unsere Beziehung investieren, unserem Partner viel geben, an uns arbeiten und nichts als selbstverständlich nehmen.

In einer Seelenpartnerschaft sind wir außerdem geneigt zu erwarten, dass unser Partner immer auf unsere Verletzungen Rücksicht nimmt. Wir glauben, dass er uns nicht wehtun darf. Wir neigen zu der Überzeugung, dass wahre Liebe nicht verletzt. Das ist eine wunderbare Vorstellung, die aber der Realität nicht immer standhält.

Manchmal verletzen wir andere absichtlich oder auch unabsichtlich. Manchmal sind wir so mit unseren Schwächen konfrontiert, fühlen uns vom anderen bedroht und verletzt, dass wir zu Gegenangriffen neigen. Manchmal haben wir, wenn wir Angst haben, nicht mehr das Wohl des anderen im Blick, sondern nur unser eigenes. Manchmal kämpfen wir, selbst dann, wenn wir gar nicht kämpfen wollen, nur um unsere Haut zu retten.

Wir haben menschliche Schwächen. Diese beinhalten, dass wir Angst haben, dass wir stärker und größer sein wollen, als wir sind, andere klein machen, dass wir manchmal recht haben wollen und uns zu wichtig nehmen.

Zu berücksichtigen ist auch, dass manche Verletzungen, die die unser Partner uns zufügt, völlig unbeabsichtigt geschehen. Wenn wir uns verletzt fühlen, dürfen wir prüfen, welchen wunden Punkt es zu heilen gilt und wodurch wir dem anderen die Macht geben, uns zu verletzen.

Wir sehen uns selbst meist als die Guten. Gerne übersehen wir, dass wir selbst eine große Herausforderung für andere Menschen sein können. Auch sind wir eher geneigt zu fordern, als selbst zu geben. Anstatt die Verantwortung für unser Glück selbst zu übernehmen, schieben wir sie dem anderen in die Schuhe. Wir haben nicht das Recht,

Veränderungen und Lösungen von unserem Partner zu erwarten. Wir müssen uns und unser eigenes Verhalten verändern, wenn wir ein Problem haben.

Sobald wir in unserer Beziehung leiden, können wir gewiss sein, dass wir etwas übersehen, dass wir auf dem Holzweg sind. Unsere Seele zeigt uns durch den Schmerz, dass wir nicht den natürlichen Gesetzmäßigkeiten entsprechend handeln, dass wir von der göttlichen Ordnung abweichen. Wir dürfen dann unserer eigenen Begrenzung in die Augen schauen, anstatt falsche Erwartungen an unseren Partner zu richten. Wenn wir glauben, dass unser Partner sich ändern müsste, ist das ein klares Indiz dafür, dass das für uns selbst gilt.

Wichtig ist auch, die Kritik deines Partners ernst zu nehmen und sie unvoreingenommen zu prüfen. Denn oftmals liegt in der Kritik ein Funken Wahrheit, selbst dann, wenn sie eigene Ängste und Übertragungen deines Partners beinhalten. Seelenpartnerschaften können eine der größten Möglichkeiten inneren Wachstums, sogar ein Tor zur Erleuchtung sein. Wir können uns eine Menge einbilden. Aber im Feuer einer Partnerschaft, die uns in die Mangel nimmt und uns mit unseren Schwachstellen konfrontiert, kommen wir nicht aus. Die Realität zeigt, wo wir wirklich stehen. Sie zeigt, ob unsere Liebe groß genug ist, um in ihr unser Ego verbrennen zu lassen.

Gesellschaftliche Konzepte über Beziehungen sorgen für Verwirrung

Fällt es dir schwer, über deine Beziehung zu sprechen, weil sie irgendwie anderen Gesetzmäßigkeiten zu folgen scheint als andere Beziehungen? Hast du das Gefühl, andere Menschen können eure Beziehung und deine Gefühle nicht erfassen? Oder bist du gerade single und Außenstehende können nicht verstehen, warum du immer noch auf die große Liebe wartest?

Seelenpartnerschaften sprengen oftmals die allgemeingültigen Vorstellungen und Erwartungen der Gesellschaft. Die außergewöhnliche

Natur von Seelenpartnerschaften kann zu Gefühlen der Isolation und Einsamkeit führen, zu einem Mangel an Unterstützung und Verständnis. Die Intensität, die Tiefe der Seelenverbindung ist oftmals für Freunde, für die Familie und selbst für die meisten Therapeuten nicht nachvollziehbar. Seelenpartner sehen sich oft mit Vorurteilen, Missverständnissen und Ablehnung konfrontiert. Viele, die sich nach einer Seelenpartnerschaft sehnen oder in einer leben, fühlen sich nicht verstanden. Fehlende Unterstützung aus dem Umfeld kann bei manchen Menschen zu Zweifeln an einer Seelenpartnerschaft und der eigenen Wahrnehmung führen. Es ist wichtig, dir bewusst zu machen, dass das gesellschaftliche Unverständnis ein Produkt begrenzter Sichtweisen und kultureller Normen ist.

Vertraue deiner eigenen Wahrheit. Glaube weiterhin fest daran, dass du deinen Seelenpartner finden wirst. Und falls du dich bereits in einer Seelenpartnerschaft befindest, habe den Mut, eure Beziehung unabhängig von gesellschaftlichen Normen so zu leben, wie sie euch entspricht. Lass dich vom Unverständnis und den Reaktionen anderer nicht verunsichern. Bleib dir selbst treu. Sieh auch weiterhin den unsagbaren Wert der großen Liebe.

Mich und Guido hat, Gott sei Dank, dieses Unverständnis in Bezug auf unsere Partnerschaft nie belastet. Wie sollen andere verstehen, was sie selbst nicht kennen, was ihnen Angst macht, sie an ihre Grenzen bringt oder bei ihnen Neid auslöst?

Ich selbst habe in jungen Jahren allerdings unter meinem Anderssein, einer anderen Wahrnehmung der Welt, sehr gelitten. Ich musste schon früh schmerzlich lernen, nicht auf das Verständnis anderer zu warten. Ich habe mich von Kindheit an die Einheit erinnert, an ein Sein voller Liebe und Frieden. Ich habe noch nie in meinem Leben Alkohol getrunken und nie geraucht, bin seit über 30 Jahren Vegetarierin, esse seit über 20 Jahren keinen Zucker. Ich musste lernen, meinen Weg zu gehen, ohne verstanden zu werden. Ich bin dankbar dafür, dass Guido mich versteht. Mir war schon früh klar, dass das Denken und Handeln der meisten Menschen nicht zu wahrem

Glück führen. Denn die Realität zeigt, dass die meisten nicht wirklich glücklich sind, sondern nur ein halbwegs erträgliches Leben führen. Da das für mich nie infrage kam, war mir klar, dass ich mutig sein, selbst forschen und mich von einer größeren Weisheit lehren lassen musste.

Guido und ich haben jedenfalls oft über unsere Beziehung, über unsere Gefühle geschwiegen, weil wir spürten, dass wir auf Unverständnis, Neid und Zweifel stießen. Aber selbst wohlwollende Menschen konnten meist das, wovon wir sprachen, nicht verstehen. Unser Erleben betraf Dimensionen, die ihr Verständnis nicht erfassen konnte.

Auch ich selbst, realistisch und eher nüchtern veranlagt, hätte mir früher nicht vorstellen können, dass Liebe Dimension erreichen kann, die die Körperlichkeit außer Kraft setzt. Manchmal, wenn Guido und ich uns geküsst haben, wurde uns beiden schwindelig, weil wir für Momente die irdischen Gesetzmäßigkeiten zu verlassen schienen und in die Einheit eingetreten waren. Allein, wenn wir uns in den Armen halten, ist es, als würden wir ohne etwas zu tun, eine andere Dimension betreten, eine Welt der Einheit, des Friedens und tiefer Liebe. Es ist, als hätten wir keine Körper mehr, als würde es keine Grenzen zwischen unseren Körpern geben.

Was für unser Schweigen über unser unsagbares Glück galt, galt auch in herausfordernden Situationen. Selbst in Zeiten, in denen ich in unserer Partnerschaft nicht mehr weiterwusste, habe ich mich keinem Menschen anvertraut – und das nicht, weil ich keine Hilfe annehmen kann, sondern weil ich immer das Gefühl hatte, dass niemand die Dimension unserer Partnerschaft erfassen kann. Stattdessen bat ich immer um die Führung des Universums, des Göttlichen. Ich bat um Erkenntnis. Ich vertraute mich der höheren Weisheit an.

Ich sprach auch einmal mit meiner verstorbenen Mutter und bat sie, mich dabei zu unterstützen, Klarheit zu gewinnen. Meine Mutter war einer der ganz, ganz wenigen Menschen, die auch zu Lebzeiten eine andere Dimension der Liebe lebte. Ich bin ihr ewig dankbar für ihre

Liebe, die sie so bedingungslos verschenkte. Sie hatte ihr Leben der Liebe gewidmet, die Liebe über alles gestellt.

Wie hätte ich also allen Ernstes in herausfordernden Situationen Menschen fragen können, die selbst keine glückliche Beziehung leben und die bestimmte Bewusstseinsebenen von Liebe bewusst nicht zu kennen scheinen? Ich öffnete mich stattdessen immer der Weisheit der Schöpfung, der Reinheit der universellen Liebe. Wenn ich an meine Grenzen komme, egal, worum es im Leben geht, mache ich mich leer und versuche zuzuhören, mich von höheren Bewusstseinsebenen führen zu lassen.

Nicht nur Menschen, die sich bereits in Seelenpartnerschaften befinden, stoßen auf Unverständnis, sondern auch manche, die noch auf die große Liebe warten.

Eine Klientin von mir, über 50 Jahre alt, sehnte sich nach ihrem Seelenpartner. Selbst liebe Freunde machten sich bereits über sie lustig. Ihre gut gemeinten Ratschläge lauteten: „Auf was wartest du noch? Was du dir vorstellst, gibt es nicht. Nimm doch endlich einen deiner Verehrer, anstatt immer noch alleine zu sein. Dann wäre das Thema endlich einmal vom Tisch."

Inzwischen zweifelte sie an sich selbst und ihrem Wunsch nach einer Seelenpartnerschaft. Sie war hin- und hergerissen zwischen ihrer Sehnsucht nach der großen Liebe und dem Druck ihrer Freunde nachzugehen. Sie fragte mich, ob sie zu hohe Erwartungen habe, ob sie nie den Richtigen finden würde, ob die anderen recht haben, wenn sie sagen, dass sie auf eine Liebe wartet, die nie in Erfüllung gehen wird.

Ihre Frage war berechtigt. Denn manche von uns haben Angst, sich einzulassen. Kein Partner ist gut genug. Sie haben zu hohe Erwartungen und Schwierigkeiten, einfach zu lieben.

Ich betrachtete zunächst die Energie meiner Klientin und ihre Persönlichkeitsstruktur. Mir war klar, dass sie wirklich lieben kann und um eine andere Dimension von Liebe wusste. Bei ihr ging es nicht um falsche Perfektion, um die Angst, zu lieben, oder um die Unfähigkeit, sich einzulassen. Sie wusste intuitiv, dass es eine höhere Oktave von Liebe gibt, die sie mit ihren Verehrern nicht hätte leben können. Ich sagte ihr, dass sie sich nicht von anderen verunsichern lassen soll und dass es wunderbar ist, dass sie auf die Liebe und ihr Wissen darum vertraut. Tränen der Erleichterung liefen über ihre Wangen.

Ein halbes Jahr später rief sie mich glücklich an. Sie hatte ihren Seelenpartner gefunden.

Es ist nicht einfach, das Bewusstsein einer anderen Dimension von Liebe wachzuhalten in einer Welt, in der die höhere Oktave der Liebe keine Rolle mehr zu spielen scheint. Deswegen kann ich dir empfehlen, nicht aufzugeben. Selbst wenn du dich zwischenzeitlich auf einen anderen Partner einlässt, weil du nicht alleine sein willst, bleibe immer deinem Wissen um die große Liebe treu.

Psychologische Sichtweisen und Ratgeber sind zu begrenzt

Egal, ob du noch auf deinen Seelenpartner wartest oder ihn kennst, er aber deine Liebe nicht zu erwidern scheint oder du einige Probleme in deiner Seelenpartnerschaft hast, psychologische Erklärungen können eine Seelenpartnerschaft meist nicht erfassen.

Ich selbst habe vor 25 Jahren zehn Jahre lang als Therapeutin in psychotherapeutischen und psychosomatischen Einrichtungen gearbeitet, bevor ich Journalismus studiert habe. Ich weiß den Wert von Psychotherapien zu schätzen, sehe aber auch ihre Begrenzungen.

Die psychologische Sichtweise auf Beziehungen beinhaltet Selbstreflexion, emotionale Intelligenz und den Ausbau der Kommunikationsfähigkeit. All das kann hilfreich sein, um Herausforderungen in der Partnerschaft zu meistern. Trotzdem sind psychologische Ansätze zu beschränkt, um die Tiefe einer Seelenpartnerschaft zu erfassen.

Einerseits gibt es kaum empirische Studien, die die Dynamik und Herausforderungen von Seelenpartnerschaften untersucht haben. Andererseits würden die Studien, selbst wenn es sie gäbe, in erster Linie unser menschliches Verhalten und unsere kognitiven Prozesse untersuchen. Sie könnten nicht die seelische Ebene und auch nicht die Komplexität von Seelenbeziehungen erfassen. Denn sie berühren eine ganz andere Dimension: die Seele, inneres Wachstum und höhere Bewusstseinszustände.

Die Psychologie hingegen konzentriert sich auf beobachtbares Verhalten und innere Prozesse. Psychologische Konzepte erfassen außerdem nicht Beziehungen, die über dieses Leben hinaus bestehen, nicht das Wiedererkennen vertrauter Seelen, Beziehungen, die im Himmel geschlossen wurden. Sie berücksichtigen nicht das Streben der Seele nach Ganzheit, die Erinnerung an die Einheit, die wir alle in uns tragen. Sie berücksichtigen nicht die Liebe, die stärker ist als unsere Person und unser Ego.

Außerdem bezweifle ich viele psychologische Konzepte der Individualisierung, der Stärkung unserer Unabhängigkeit und unseres Egos. Wir sind soziale Wesen. Die zunehmende Individualisierung unserer Gesellschaft zeigt außerdem, dass immer mehr Menschen einsam sind. Noch nie gab es so viele Bücher über Einsamkeit. Und das betrifft nicht nur Singles, sondern auch Menschen, die sich innerhalb von Beziehungen einsam fühlen. All das zeigt, dass etwas mit unserem gängigen Verständnis von Beziehung und betonter Unabhängigkeit nicht stimmt.

Außerdem hat jede Partnerschaft ihre eigenen Herausforderungen. Wichtig ist, auf dein Inneres zu hören und keinen Ratschlägen zu folgen, die dir nicht entsprechen, meine eingeschlossen. Beachte immer: Die Magie der Liebe ist so unbegreiflich, dass sie zu groß ist, um sie zu erfassen. Öffne dich immer wieder dem Wunder der Liebe. Denn sie verfolgt ihre eigene Weisheit.

In Momenten, in denen du gar nicht mehr weiterweißt, übergib all deine Fragen, deine Sorgen der universellen Weisheit. Denn diese größere Kraft, die dich auf magische Weise zu deinem Seelenpartner geführt hat, hilft dir, auch jede Herausforderung zu meistern. Der Zugang zur göttlichen Liebe ist das Kostbarste. Denn auch dein

Seelenpartner kann dich enttäuschen, verletzen und verlassen. Doch was dir nie verloren geht, ist die göttliche Kraft, deine Seele, deine innere Vollständigkeit. Wenn du weise bist, öffnest du dich dieser.

Unser Ursprung, unsere Existenz in Liebe, kennt kein Leid und keinen Schmerz. Leiden erzeugen nur unsere Gedanken und unsere begrenzte Vorstellung von der Welt. Öffnest du dich der universellen Liebe, bist du von allem Schmerz befreit. Das bedeutet nicht, dass du nicht bei Herausforderungen menschliche Unterstützung, Beratung und Hilfe annehmen kannst. Allerdings sind Menschen, die selbst eine unglückliche Beziehung führen, in der Regel schlechte Ratgeber. Wichtig ist, dass du Hilfe von Menschen annimmst, die wissen, wovon sie reden.

Eure Seelenpartnerschaft befindet sich im Sturm der Wandlung

Monate, Jahre oder Jahrzehnte totaler Übereinstimmung, unbeschreiblichen Glücks und Zeiten großer Herausforderungen? Manche Paare sehen sich gleich am Anfang mit Herausforderungen konfrontiert, andere fortlaufend und manche – wie Guido und ich – erst nach Jahrzehnten.

Die Realität zeigt, dass Beziehungen in ständiger Veränderung begriffen sind, besonders in langjährigen Partnerschaften. Und das ist auch gut so. Wir verändern uns im Laufe unseres Lebens. Im besten Fall wachsen wir. Wir sind nicht dieselben nach 10, 20 oder 30 Jahren Beziehung. Es mag Zeiten geben, in denen eure Liebe auf die Probe gestellt wird, bis zu dem Punkt, dass ihr befürchtet, sie könne zerbrechen. Aber wenn ihr beide über eure Begrenzungen hinauswachst, kann eure Verbindung noch stärker und tiefer werden.

Guido und ich schwammen unglaubliche 20 Jahre auf derselben Welle, wurden aus der Dualität in die Einheit erhoben. Es war einfach unbeschreiblich. Es gab nie Streit, wir erfuhren unglaubliches Glück, eine Liebe jenseits von dieser Welt. 20 ganze Jahre. So ein Geschenk. Wenn du das 20 Jahre erlebst, beginnst du zu glauben, dass das normal ist und dass das immer so weitergeht.

Die Herausforderungen kamen bei uns auf einmal nach 20 Jahren – mit voller Wucht. Für uns völlig unvorbereitet und unvorstellbar. Anlass war, dass ich es liebe zu lernen, zu wachsen, an mir zu arbeiten und ganz ins Göttliche einzutauchen. Ich veränderte mich, fühlte mich in mir selbst vollständig, in Gott geborgen. Ich fand nach Hause, in ein Dasein stillen Glücks. Durch mein Erwachen fühlte Guido sich so bedroht, dass er Angst hatte mich zu verlieren. Das ging so weit, dass ich mich fragte, ob das noch der Mann war, den ich einmal geheiratet hatte. Ich liebte Guido nach wie vor. Doch er hatte das Gefühl, dass ich ihn nicht mehr brauchte. Er versuchte mich an sich zu binden. Hinzu kam bei mir eine Welle des beruflichen Erfolges, der ihn ebenfalls ängstigste.

Er dachte, er würde mir nicht mehr genügen. Aber das Gegenteil war der Fall. Egal, wie sehr ich in die Welt ging und wuchs, ich liebte ihn und unsere kleine Welt. Da ich seine Not fühlte und ihn gut verstehen konnte, entschied ich mich, beruflich zurückzutreten, unser gemeinsames Leben komplett in den Vordergrund zu stellen und mich ihm anzupassen. Außerdem hatte er mir schon so viel Wundervolles gegeben, dass ich das Bedürfnis hatte, ihm alles zu geben, was ich geben konnte. Aber egal, wie sehr ich mich bemühte: das schien nicht die Lösung zu sein. Ich konnte die Uhr nicht mehr zurückdrehen. Wir mussten beide anerkennen, dass wir trotz unserer unglaublichen Gemeinsamkeiten, einer tiefen Harmonie und gleichen Zielen an unterschiedlichen Punkten in unserer Entwicklung standen.

Guido begriff das viel eher als ich und sagte zu mir: „Du lebst, fühlst und denkst in einem anderen Bewusstsein. Ich bin nicht so frei wie du. Ich würde mir wünschen, ich könnte es, aber ich kann es nicht. Ich kenne außerdem niemanden außer dir, der das kann."

Es kristallisierte sich immer mehr heraus, dass ich eine Aufgabe habe, eine Lebensaufgabe, und nicht meine ganze Energie einzig in unsere Beziehung geben sollte. Egal, was ich will, ich bin da, um so viel wie möglich von diesem Bewusstsein, an das ich mich von Kindheit an erinnerte und in dem ich lebe, an andere Menschen weiterzugeben.

Ich bin da, um Menschen dabei zu unterstützen, sich von ihrem Leiden zu befreien. Ich will meine Aufgabe erfüllen. Ich bin nicht mehr nur Partnerin, wie ich es die erste Zeit unserer Beziehung war. Es dauerte seine Zeit, bis wir das beide akzeptieren konnten. Denn wir waren so daran gewöhnt, unsere ganze Zeit und Aufmerksamkeit unserer Beziehung zu widmen. Wir haben immer gesagt: Uns könnte man auf eine einsame Insel aussetzen und wir wären glücklich. Wir fühlten uns zusammen so vollständig. Uns fehlte nichts.

Als wir wahrnahmen, dass ich da rausgewachsen war, kamen wir an unsere Grenzen. Ich fragte mich, ob wir trotz dieser tiefen Seelenverbindung eine gemeinsame Zukunft hätten. Die Liebe war immer da. Wir haben immer gespürt, dass unsere Seelen zutiefst miteinander verbunden sind. Die Frage war nur, wie wir die neuen Voraussetzungen, die Veränderungen und das, was das Leben von uns wollte, auf harmonische Weise verbinden können.

Unsere Beziehung hat sich verändert. Wir lieben uns immer noch zutiefst. Unsere Liebe ist anders, aber nicht weniger geworden. Der große Sturm scheint vorüber zu sein. Du siehst also: es gibt keine Garantie. Auch wir nach 35 Jahren haben sie nicht. Warum ich dir all das erzähle: Wenn du einmal glaubst, dass es in eurer Beziehung nicht mehr weitergeht, mache dir bewusst, dass es nur eine Wandlungsphase sein kann. Manchmal geht es auch dann weiter, wenn wir nicht mehr daran glauben. Zunächst bedeutet es nur, dass du dich für den Wandel öffnen musst. Nur weil deine Gedanken und deine Gefühle an ihre Grenzen stoßen, heißt es noch lange nicht, dass du diese Grenzen nicht überwinden kannst. Das Geschenk, das auf dich wartet, besteht aus innerem Wachstum und neuen Dimensionen eurer Beziehung.

Wichtig ist auch zu beachten, dass nicht alle Seelenpartnerschaften gleich verlaufen. Manche Beziehungen wechseln zwischen verschiedenen Phasen hin und her, andere verwandeln sich endgültig. Jede Seelenpartnerschaft ist einzigartig und hängt auch von den individuellen Entwicklungsprozessen der Partner ab.

Die Balance zwischen Verbundenheit und Individualität gestaltet sich bei dir schwierig

Seelenpartnerschaften sind oft von starken Übereinstimmungen geprägt. Bedingt durch diese Übereinstimmungen können wir dazu neigen, Unterschiede und Individualität nicht zuzulassen, sondern als Bedrohung zu empfinden. Unterschiedliche Bedürfnisse werden dann schnell als Mangel an Verbundenheit wahrgenommen. Wenn die Innenwelt des anderen nicht unserer gleicht, können wir geneigt sein, uns weniger verbunden zu fühlen. Wir haben Angst, dass wir uns entfernen und unser Partner uns plötzlich fremd wird.

Manche Seelenpartner neigen in diesem Zuge dazu, ihr Verhalten komplett an das des anderen anzupassen, und unterdrücken ihre wahren Gefühle, um Ablehnung zu vermeiden. Diese falsche Anpassung kann zu einem Verlust von Ehrlichkeit und einer eigenen ungesunden Identität führen. Die Balance zwischen der Verbundenheit mit dem Seelenpartner und der Bewahrung unserer eigenen Individualität stellt für viele eine Herausforderung dar.

Wichtig ist deswegen auch, unsere eigenen Bedürfnisse, Träume und Ziele zu verfolgen. Das schließt ja nicht aus, dass uns gleichzeitig die tiefe Bindung zu unserem Seelenpartner wichtig ist. Die Unterschiedlichkeit an Interessen, Wünschen und Verhaltensweisen muss keine Bedrohung für eure Beziehung darstellen. Denn eure Liebe ist groß genug, um eure Unterschiedlichkeit zu vereinen. Sie ist größer als alle Unterschiede.

Macht euch bewusst, dass ihr trotz des Gefühls der Einheit dennoch individuelle Wesen seid, mit eigenen Bedürfnissen, eigenem Charakter und eigenen Wünschen. Dass der Partner euch in allem entsprechen soll, kann ein großes Konfliktpotential in sich tragen und zu Enttäuschungen führen.

Wichtig ist auch zu berücksichtigen, dass euer Partner nicht eure Mutter ist, die euch immer umsorgt und umhegt. Eine Partnerschaft ist keine Eltern-Kind-Beziehung. Sie besteht aus zwei eigenverantwortlichen

Menschen. Natürlich kann auch sie Aspekte des Umsorgens beinhalten. Dasselbe gilt für freundschaftliche Aspekte, aber auf eine gesunde Art und Weise. Es gilt, unsere Individualität zu achten und dabei gleichzeitig unsere gemeinsamen Wünsche zu vereinen. Unsere Unterschiedlichkeit ist die Chance, uns zu erweitern und zu ergänzen.

Jeder darf gut für sich selbst sorgen. Manche von uns mit einem großen Herzen haben die Tendenz, sich bedingungslos und selbstlos in eine Seelenpartnerschaft einzubringen. Das ist eine wunderbare Fähigkeit und auch die Basis für die außerordentliche Liebe einer Seelenpartnerschaft. Achten wir dabei nicht genug auf uns selbst, kann das aber zu einem Beziehungs-Burn-out, zu körperlichen Krankheiten oder zu großer Erschöpfung führen. Nimm deine Grenzen wahr und grenze dich bei ungesundem Verhalten deines Partners ab.

In manchen Partnerschaften, in denen sich ein Partner bedingungslos hingibt, stößt diese Hingabe nicht auf Wertschätzung. Der Partner nimmt alles als selbstverständlich und nutzt die Liebe und Gutmütigkeit des anderen aus. In diesem Fall ist es wichtig, auf dich, deine Bedürfnisse und deine Gesundheit zu achten. In manchen Partnerschaften entwickelt sich nämlich ein Ungleichgewicht, das es zu verhindern gilt. Zu Seelenpartnerschaften neigen meist Menschen, die bedingungslos lieben können, die sehr gutmütig sind und bereit, für die Liebe viel zu geben. Manche scheinen sogar zu gut für diese Welt zu sein. Wenn sie auf einen Seelenpartner treffen, der nicht über dieselbe Hingabefähigkeit verfügt und in Macht- und Egostrukturen gefangen ist, kann das sehr unheilsam enden.

Setze Grenzen. Denn ist es wirklich dein Seelenpartner, wird er dich weiter lieben. Für die Liebe alles zu geben, heißt nicht, dich in der Liebe zu verausgaben und schlecht behandeln zu lassen. Behalte deshalb von Anfang an bei einer Neigung zu großer Gutmütigkeit und Hingabe die Balance im Auge und prüfe, ob diese wunderbare Fähigkeit geachtet wird. Falls das nicht der Fall ist, gilt es nicht, sich zu beklagen, sondern Abstand zu nehmen, das eigene Verhalten zu verändern und sich nicht mehr schlecht behandeln zu lassen. Es braucht immer zwei: einen, der sich achtlos verhält, und einen, der das zulässt. Die persönliche Verantwortung für das eigene Glück ist hier der Schlüssel.

Die Notwendigkeit der individuellen Entwicklung in einer Seelenpartnerschaft sollte nicht unterschätzt werden. Obwohl es erfüllend ist, gemeinsam zu wachsen und sich zu entwickeln, ist es genauso wichtig, dass jeder Partner Raum hat, um sich auf persönlicher Ebene zu entfalten. Eine gesunde Balance zwischen der Einheit mit dem Partner und der Entfaltung der eigenen Identität kann euch Freiheit, Rückhalt und Stärke verleihen.

Du fühlst dich nur mit deinem Seelenpartner vollständig

Du vermisst deinen Seelenpartner, wenn er nicht bei dir ist? Du fühlst dich nur mit ihm vollständig? Oder du wartest darauf, deinen Seelenpartner zu treffen, um dich dann endlich ganz zu fühlen?

Auch wenn wir umgangssprachlich von unserer zweiten oder besseren Hälfte sprechen, bedeutet es nicht, dass wir selbst nicht vollständig sind. Im Hinblick auf die Dualität scheinen wir jeweils nur eine Hälfte zu sein und der Partner unsere andere. Doch wir sind jeder für sich eine ganze Seele, ein ganzer Mensch. Das Gefühl, dass wir uns nur mit dem anderen wirklich glücklich und vollständig sind, kann in einer Seelenpartnerschaft besonders ausgeprägt sein. Das kann dazu führen, dass wir unser Glück an unseren Partner binden und unsere eigene innere Vollständigkeit vergessen.

Natürlich ist es besonders schön, wenn wir großartige Momente mit unserem Partner teilen. Manches ist so viel schöner, wenn wir es gemeinsam erleben. Es ist, als würde sich unser Glück verdoppeln. Trotzdem ist es wichtig, unser Glück und das Gefühl von Vollständigkeit nicht von unserem Partner abhängig zu machen. Wenn wir nur genießen und richtig glücklich sein können, wenn unser Partner bei uns ist, verpassen wir ein wundervolles Stück Leben, eine gewisse Freiheit und unabhängiges Glück. Eine Seelenpartnerschaft dient dazu, unsere eigene Vollständigkeit zu ergänzen und nicht zu ersetzen.

Ich selbst hatte am Anfang unserer Beziehung das Gefühl, nur mit Guido vollständig zu sein. Das ging so weit, dass ich, wenn ich beruflich verreist war, das Gefühl hatte, als würde mir ein Körperteil fehlen. Nach ein paar Stunden änderte sich das wieder.

Wenn ich mit Guido in einem tiefen Gefühl von Einheit schwelgte, fing ich oftmals an zu weinen. Guido fragte mich dann immer ganz irritiert: „Warum weinst du?“

„Weil ich so glücklich bin und mir gleichzeitig bewusst bin, dass ich weder dich noch das Glück festhalten kann. Du kannst sterben oder dich in eine andere Frau verlieben. Unser weltliches Glück ist so vergänglich, dass es mit einem Wimpernschlag vorbei sein kann.“

Mir war bewusst, wie sehr mein Glück von ihm und unserem Zusammensein abhängig war. Ich wusste, dass ich, egal, wie glücklich ich mit Guido war, lernen musste, die Vollständigkeit in mir selbst zu finden. Mein Seelenglück war viel zu stark an ihn und unsere Beziehung gebunden.

Ich lernte loszulassen. Und vor allem fand ich Heimat in mir, in stillem Glück, im Göttlich-Ewigen. Gott sei Dank, fühle ich mich seit vielen Jahren vollständig und bin auch allein glücklich. Ich weine auch nicht mehr, wenn ich mit Guido besonders glücklich bin, aus der Angst heraus, unser Glück nicht festhalten zu können. Uns vollständig und eins mit unserem Seelenpartner zu fühlen, ist ein wundervolles Geschenk. Doch täuscht das nicht darüber hinweg, dass wir uns der eigenen Vollständigkeit bewusst werden müssen und dass wir nicht getrennt von der Liebe existieren. Sind wir uns dessen bewusst, sind wir immer in der Liebe zu Hause.

Du oder dein Partner verspüren Verlust- oder Bindungsängste

Aufgrund der noch nie so tief erlebten Liebe können auch die Ängste in Seelenpartnerschaften vor Verlust und Bindung größer sein als je zuvor. Die Angst vor Verlust kann in jeder Beziehung auftreten, aber in einer Seelenpartnerschaft ist sie besonders groß. Allein der Gedanke an einen Verlust des Partners kann immense Ängste hervorrufen, die Angst, ein Leben ohne den Partner gefühlt nicht zu überleben. Diese Verlustängste können sich auch in Form von Eifersucht, übermäßiger Sorge und dem Bedürfnis, den Partner zu kontrollieren, äußern. Die Intensität der Bindung verstärkt paradoxerweise die Angst vor dem Verlust.

Eine weitere fundamentale Angst kann die Angst sein, sich überhaupt zu binden und einzulassen. Denn in einer Seelenpartnerschaft sind wir besonders verwundbar. Manchmal öffnet sich einer der Seelenpartner nicht und lässt sich nicht wirklich ein. Die Angst vor der Intensität der Gefühle und vor Nähe, und davor verletzlich zu sein, kann dazu führen, dass er sich distanziert verhält und eine gewisse Kontrolle und Kühle an den Tag legt. Da die Intensität der Emotionen in Seelenpartnerschaften überwältigend sein kann, scheut sich mancher Seelenpartner, seine wahren Gefühle zuzulassen und sie zu zeigen.

Egal, welche Ängste dein Seelenpartner hat, um sie zu bewältigen, ist es wichtig, sie mit miteinander zu teilen. Offen und ehrlich miteinander zu sprechen, ist für eine glückliche Partnerschaft von entscheidender Bedeutung. Indem ihr eure Ängste und Sorgen teilt, könnt ihr ein besseres Verständnis füreinander entwickeln, eure Verbundenheit stärken und gemeinsam Lösungen finden. Manchmal lösen sich Ängste schon in dem Moment auf, in dem wir uns darüber austauschen.

Wichtig ist, dass ihr für einen sicheren Raum aus Verständnis und Mitgefühl sorgt, in dem ihr eure Ängste und Unsicherheiten teilen könnt. Bei starken Ängsten kann allerdings professionelle Hilfe von einem Therapeuten oder Coach notwendig sein.

Du neigst dazu, deine Lebensaufgabe zu vernachlässigen

Wie du durch meine eigenen Herausforderungen sehen konntest, kann eine Gefahr in einer Seelenpartnerschaft sein, dass wir unsere Aufgaben vernachlässigen, besonders unsere Lebensaufgabe.

Die meisten von uns haben das Bedürfnis, viel Zeit mit ihrem Partner zu verbringen. Denn Seelenpartner sehen meistens die Partnerschaft als das Wichtigste im Leben an. Das geht oftmals auf Kosten der Lebensaufgabe, des Berufs, der Freundschaften oder anderer Beziehungen. Seelenpartner, die dieselbe Seelenaufgabe haben, können ihre Energien oftmals gemeinsam besonders gut fokussieren und Wundervolles erschaffen. Ist die Lebensaufgabe nicht dieselbe, auch nicht der berufliche Hintergrund, wird oftmals durch die hohe Aufmerksamkeit, den enormen Raum, den die Partnerschaft einnimmt, die Karriere vernachlässigt und gebremst.

Manche Seelenpartner fühlen sich unwohl und haben regelrecht Schuldgefühle, wenn sie anderen Aufgaben nachgehen, ihre Zeit mit anderen Menschen verbringen oder sie in ihren Beruf investieren. Es kann eine Spannung zwischen der Partnerschaft und der äußeren Welt entstehen.

Eine Partnerschaft darf nicht auf Kosten der Erfüllung unserer Lebensaufgabe gehen. Es ist möglich, beides in Harmonie zu bringen, die Beziehung und andere Aufgaben.

Zusammenfassend lässt sich sagen: Die wahre Magie einer Seelenpartnerschaft ist nicht nur in den Augenblicken unbeschwerten Glücks zu finden, sondern besonders in der gemeinsamen Reise durch die Herausforderungen des Lebens. Sie liegt auch in der Bereitschaft, sich den Herausforderungen zu stellen und über sich selbst hinauszuwachsen. Denn gerade indem wir uns unseren Ängsten und Unsicherheiten stellen, können wir Liebe auf einer Ebene erfahren, die uns zu der Essenz unserer Seele führt. Wenn dies beiden Partnern gelingt, kann die Liebe einer Seelenpartnerschaft in Glückseligkeit enden.

Wo hast du falsche Erwartungen?

Welche Aspekte gilt es, in dir selbst zu heilen?

Welches Problem hast du mit deinem Partner?

Welcher Konflikt wiederholt sich immer wieder?

Woher kennst du dieses Problem?

Wie zieht es sich durch dein Leben?

Offene Beziehung, Affären und Treue

Immer mehr Menschen leben in offenen Beziehungen. Sie haben nicht nur einen, sondern mehrere Partner oder leben mit ihrem Partner, sind aber auch noch mit anderen intim. Ich selbst kann dir nur empfehlen, dich ganz auf deinen Seelenpartner auszurichten, ihm treu zu sein.

Ich habe das Thema seit Jahrzehnten neutral untersucht. Mir ging es dabei nie um Moral oder um individuelle Vorlieben, sondern einzig darum, was uns langfristig glücklich macht oder uns leiden lässt. Meine Erfahrung in mehr als zwanzig Jahren Partnerschaftscoaching zeigt, dass offene Beziehungen und Affären eine Beziehung in der Regel sehr belasten. Treue ist eine wichtige Basis für eine langjährige, glückliche Partnerschaft.

Rauschartige Zustände in offenen Beziehungen und Affären

Offene Beziehungen können sich sehr lebendig und leidenschaftlich anfühlen. Dafür erzeugen sie aber auch in einem höheren Maße als treue Partnerschaften Schmerz. Vielleicht kennst du einen Menschen in einer offenen Beziehung, der nicht leidet oder du lebst selbst in einer und bist damit glücklich. Die Frage ist, was mit den anderen ist. Und wie ist das, wenn sich dein Partner ernsthaft in jemand anderen verliebt?

Theoretisch hört sich alles gut an. Doch in der Praxis sieht es meist ganz anders aus. In der Regel leidet immer jemand in einer offenen Beziehung. Diese scheinbare Freiheit kostet einen hohen Preis: herzzerreißende Dramen von Eifersucht, Traurigkeit, Wut und Einsamkeit. Und das alles für Momente scheinbarer Freiheit, des Abenteuers und des Glücks.

Zu einer bestimmten Zeit in deinem Leben kann es – wenn du jung und deinem Seelenpartner noch nicht begegnet bist – vielleicht eine wichtige Erfahrung sein. Aber ab dem Zeitpunkt, an dem du deine große Liebe triffst, bist du so erfüllt, dass du keinen anderen Partner mehr brauchst und nichts mehr vermisst. Gerade die Ausschließlichkeit eurer Liebe, 1000 % mit und für den anderen da zu sein, macht die besondere Magie aus.

Guido sagt immer, wenn Menschen bezweifeln, dass lebenslange Treue möglich ist: „Da ich bereits das Beste, Wundervollste im Leben mit Barbara habe, müsste ich ja ein Idiot sein, mich mit weniger zufriedenzugeben." Mir geht es umgekehrt mit Guido genauso.

Wenn du deinen Seelenpartner gefunden hast, für Romantik und für wunderschöne Momente sorgst und alles gibst, dann bist du so erfüllt, dass dir nichts fehlt. Im Gegenteil: Fremdzugehen oder eine offene Beziehung zu führen, würde gefühlt die Großartigkeit einer Seelenpartnerschaft beschmutzen.

Affären und Treue in unserer Beziehung

Im ersten Jahr, als ich Guido kennenlernte, flirtete ich weiter mit anderen Männern. Diese Flirts haben mir nichts bedeutet. Ich erzählte diesen Männern immer von Guido, davon, dass ich einen wundervollen Freund habe, den ich nicht verlassen würde.

Ich war damals 21 Jahre alt und in Bezug auf die Liebe ziemlich verwirrt, nachdem ich einige schwierige Beziehungen hinter mir hatte. Ich hatte Angst, wieder verletzt zu werden. Auf mehreren Hochzeiten zu tanzen, schien mir ein sicherer Weg zu sein, um mich vor dieser außergewöhnlichen Verbindung mit Guido zu schützen. Würde er mich verlassen, wäre ich wenigstens nicht allein. Ich war von Anfang an ehrlich mit Guido. Ich spielte mit offenen Karten. Heimlichkeiten hätten sich für mich wie Verrat angefühlt.

Doch dann kam der Moment, als ich realisierte, dass diese tiefe Liebe mit Guido Schaden nehmen würde, wenn ich mich durch Flirts zu schützen versuchte. Ich selbst würde durch mein unreifes Verhalten unsere kostbare Beziehung zerstören. Ich war gar nicht stolz auf mich. Es tat mir weh zu sehen, dass ich Guido damit Schmerz zufügte. Denn von Anfang an war Guido in meinem Herzen. Aber gerade weil diese Liebe so tief war, machte sie mir Angst. Das Vertrauen, das ich als junges Mädchen einmal in die Liebe hatte, war fast nicht mehr vorhanden.

Doch ab diesem Tag der Erkenntnis ließ ich mich zu 1000 % auf ihn ein, und heilte mich damit selbst. Ich fand zurück in die Liebe. Es war plötzlich, als wäre ich nie verletzt worden. Alle Enttäuschungen und schwierigen Erfahrungen haben sich in diesem Moment in Luft aufgelöst. Nichts blieb, außer unsere Liebe. Seit 34 Jahren bin ich treu. Dasselbe gilt für Guido. Natürlich gibt es keine Sicherheit. Auch nicht für uns nach so vielen Jahren.

Ich bin Guido für seine Geduld und den Glauben an unsere Beziehung unendlich dankbar. Als ich ihn einmal fragte, woher er die Kraft im ersten Jahr nahm, weiter an unsere Beziehung zu glauben und nicht verständlicherweise das Handtuch zu werfen, antworte er: „Es war deine Ehrlichkeit, dass du offen gesagt hast: Ich liebe dich, flirte aber mit anderen, weil ich Angst habe, dich zu verlieren. Ich wusste irgendwie trotz allem immer, dass du mich über alles liebst. Ich konnte bereits damals fühlen, wie außergewöhnlich du zu lieben fähig bist."

So wie ich damals sind viele Menschen verwirrt. Sie haben Angst, sich einzulassen, halten sich alle Möglichkeiten offen, wiederholen schmerzhafte Muster und versuchen sich zu schützen. Doch es heilt ihre Wunden nicht. Bei manchen führen nicht Schutzmechanismen und unheilsame Beziehungsmuster, sondern auch die Vorstellung von freier bedingungsloser Liebe zu offenen Beziehungen. Manche Paare sehen das als ideale Beziehungsform an, aber die Realität sieht anders aus.

Eine Frau, deren Partner notorisch fremdging und eine offene Beziehung mit ihr leben wollte, kam verzweifelt in meine Beratung. Spirituell geprägt, sah sie es als ihre Aufgabe an, jegliche Form von Eifersucht zu überwinden ihn auch dann zu lieben, wenn er ständig fremdging.

Fakt war aber: Sie war eine treue Seele und viel zu gutmütig. Sie litt fürchterlich unter den ständigen Affären ihres Partners. Bedingungslos zu lieben, heißt nicht, Unmenschliches von uns selbst zu verlangen.

Grundsätzlich ist in einer Seelenpartnerschaft wichtig, dass ihr dieselben Vorstellungen in Bezug auf Treue habt. Denn wenn dir Treue wichtig ist und deinem Partner überhaupt nicht, hast du ein großes Problem. Dann wirst du jedes Mal leiden, wenn er fremdgeht. Überlege dir gut, ob du dir das antun willst. Vielleicht ist es auch gar nicht der richtige Partner oder er ist noch nicht reif für eine Seelenpartnerschaft.

Grundsätzlich sind Eifersucht und Treue ein häufiger Streitpunkt. Studien belegen: Fast jeder zweite geht fremd. Doch dreht es sich dabei nicht immer nur um sexuelle Untreue, sondern auch um emotionale. Denn oft verliebt sich der eine oder andere auch noch – trotz Partnerschaft. Plötzlich erscheint eine dritte Person auf der Bildfläche, die mit Abenteuer und Leidenschaft lockt. Das Interesse am Partner lässt nach, das eigene Engagement schwindet. Und schon ist es um den einen oder anderen geschehen.

Was, wenn dein Partner fremdgeht

Hast du manchmal Angst, dass dein Partner fremdgehen könnte? Fällt es dir schwer, ihm zu vertrauen? Warum gehen wir fremd, flirten und glauben, unser Glück in einer Affäre zu finden? In Seitensprüngen suchen wir in der Regel das, was uns in unserer eigenen Beziehung fehlt – Anerkennung, Wertschätzung, Nähe, Abenteuer, Leichtigkeit und Leidenschaft.

Statt uns in eine Affäre zu stürzen, können wir frischen Wind in unsere eigene Beziehung bringen, unserem Partner mehr Wertschätzung und Aufmerksamkeit schenken und für mehr Romantik, Leichtigkeit und Leidenschaft sorgen. Wir könnten das schöne Kleid anziehen, das er an uns liebt, gemeinsam zum Essen oder auf ein Konzert gehen und wie am Anfang flirten. Wir können weniger kritisieren und fordern und stattdessen die Schönheit und Besonderheit unseres Partners wieder wahrnehmen, all das, was wir am Anfang bewundert haben.

Ist dein Partner fremdgegangen oder du befürchtest es? Fragst du dich, ob du dich trennen oder darüber großzügig hinwegsehen sollst? Sprich mit deinem Partner. Versuche, seine Gründe zu erfahren. Auf jeden Fall solltest du es als Warnung betrachten, nicht so weiterzumachen wie bisher, und an eurer Beziehung arbeiten. Wenn dir dein Partner wichtig ist, unternimm dringend etwas! Vielleicht hast du dich zu sehr gehen lassen, zu wenig in eure Beziehung investiert. Prüfe: Woran hapert es? Was gilt es zu ändern? Wann bist du zu stur, zu unbeweglich gewesen? Wo bringst du deinem Partner nicht genug Liebe und Aufmerksamkeit entgegen und hast seine Bedürfnisse nicht im Auge?

Wenn du dir Treue von deinem Partner forderst, ist es wichtig, dass du offen für seine Bedürfnisse bist und für das, was er sich in eurer Beziehung wünscht. Falls du deinen Partner noch immer liebst, genauso wie er dich, und er grundsätzlich immer treu war, kann es klug sein, klare Grenzen zu setzen, aber einzulenken. Wenn du zu früh aufgibst und dich trennst, kann es sein, dass du es bereust. Wenn dein Partner grundsätzlich immer treu war, versuche ihn zu verstehen und gib ihm eine Chance. Lerne aus dieser Situation.

Gib vor allem deinem Partner nicht die alleinige Schuld. Denn schnell sind wir geneigt, unseren Partner allein für die Untreue verantwortlich zu machen. Reflektiere auch dein eigenes Verhalten und schaue, was du in eurer Beziehung vernachlässigt und übersehen hast. Gehe auch auf Kritik deines Partners ein. Sei offen und bemühe dich, es nicht nur beim Reden zu belassen, sondern auch dementsprechend zu handeln.

Ganz anders sieht es hingegen aus, wenn dein Partner jedem Rockzipfel nachschaut, du selbst aber eine treue Seele bist. Dann hat es Sinn, eine Trennung in Erwägung zu ziehen. Dann ist es, bis auf wenige Ausnahmefälle, nicht der richtige Partner für dich. Es sei denn, du willst leiden. Ein ganz seltener Ausnahmefall ist, wenn dein Partner dich über alles liebt und wertschätzt, ihr aber extrem unterschiedliche sexuelle

Bedürfnisse habt. Vielleicht hat dein Partner rein sexuelle Affären, aber seine ganze Liebe, sein ganzes Herz gehört dir. Im Inneren ist dein Partner dir treu und weiß deine Großherzigkeit wirklich zu schätzen.

Eine der wenigen Ausnahmen waren Kirk und Anne Douglas. Kirk ist 103, Anne 102 Jahre alt geworden. Ich habe sie in Beverly Hills zu Hause besucht. Wir haben über seine unzähligen Affären gesprochen und welche Größe Anne hatte, über sie hinwegzusehen. Einmal hat Anne sogar alle Geliebten von Kirk eingeladen. Kirk hat nach einem schweren Schlaganfall die Affären bereut, nachdem er sich zurück ins Leben gekämpft hat und das Leben plötzlich mit anderen Augen sah. Er hat Annes Größe und Weisheit bewundert. Beide verband wirklich spürbar eine sehr tiefe Liebe. Nur wenige Menschen können diese Art von Beziehung führen. Ich könnte es nicht.

Was, wenn du fremdgehst

Flirtest du selbst gerne und hast manchmal das Bedürfnis, dich in eine Affäre zu stürzen, obwohl du deinen Partner liebst? Falls du selbst derjenige bist, der gerne flirtet und fremdgeht, solltest du dich fragen: Wie würde es mir gehen, wenn mein Partner dasselbe tun würde? Denn wir ernten, was wir säen. Wenn wir unseren Partner betrügen und belügen, kommt das irgendwann zu uns zurück. Das kann bedeuten, dass unser Partner auch irgendwann fremdgeht oder dass wir an einer anderen Stelle selbst hintergangen, gekränkt und missachtet werden. Denn eines der machtvollsten Naturgesetze ist: Was du säst, wirst du ernten.

Eine andere Frage, die du dir auch stellen solltest: Ist dieser Flirt es wert, dass meine Beziehung daran scheitern könnte? Will ich dieses Risiko eingehen? Wie wäre es, wenn ich mit meiner Affäre den nüchternen Alltag teilen müsste?

Es ist außerdem ein Zeichen von seelischer Reife und innerer Größe, Versuchungen widerstehen zu können. Wichtig ist auch, die Beziehung anderer zu respektieren und nicht mit jemandem zu flirten, der vergeben ist. Du freust dich auch nicht, wenn jemand mit deinem

Partner flirtet. Flirten ist nicht harmlos. Im Flirt liegen energetisch gesehen die Anfänge von Untreue.

In Momenten, in denen es für dich schwer ist, der Versuchung zu widerstehen, erinnere dich daran, was du an deinem Partner hast. Frage dich: Was fehlt mir eigentlich in meiner Partnerschaft, was ich in Affären suche? Sprich unbedingt mit deinem Partner darüber, was dir fehlt. Tauscht euch auch darüber aus, wie eure Beziehung zu Beginn war und was sich seither alles geändert hat. Erinnert euch an die vielen kleinen Gesten, die im Alltag in Vergessenheit geraten sind, die euch am Anfang gezeigt haben, dass ihr euch liebt. Überlegt euch gemeinsam, was ihr euch von eurer Beziehung wünscht. Wollt ihr mehr Leidenschaft und Kribbeln? Oder vielleicht etwas mehr Nähe und Zuneigung? Flirtet ihr miteinander und macht euch Komplimente? Geht ihr gegenseitig auf eure Bedürfnisse ein? Hört ihr einander zu, nehmt euch Kritik zu Herzen und verändert euer Verhalten dementsprechend? Sorgt ihr für Lebendigkeit, Abenteuer und Leichtigkeit in eurer Beziehung?

Versucht gemeinsam herauszufinden, woran es euch mangelt und gebt euch Mühe, die Wünsche des anderen ernst zu nehmen. Denn wer in seiner Partnerschaft kein Glück findet, wird sich auf kurze oder lange Sicht woanders danach umsehen. Wenn ihr glücklich seid und du auf deinen Partner eingehst, kann euch niemand sonst etwas anhaben. Eine glückliche Beziehung bedarf deines Einsatzes und deiner Liebe. Sie hängt vor allem davon ab, wie viel du zu geben und zu wachsen bereit bist, und wie sehr du der Liebe und der Treue alle Macht gibst.

Deine Seelenfamilie

Kennst du das wunderbare Gefühl, dich mit einem Seelenverwandten fast wortlos zu verstehen? Seelenverwandt können, aber müssen wir nicht immer automatisch mit unserem Partner sein. Vielleicht fühlst du eine stärkere Verwandtschaft zu einem anderen Menschen, obwohl du deinen Partner sehr liebst und ihn nicht missen möchtest.

Vielleicht fühlst du dich mit deiner Mutter, deinem Bruder, einem deiner Kinder oder mit deinem Geschäftspartner zutiefst verbunden. Vielleicht bist du mit deiner besten Freundin seelenverwandt, die dich besser kennt als jeder andere. Ihr seid ungewöhnlich vertraut miteinander, kein Thema scheint tabu oder zu emotional zu sein. Seelenverwandte verstehen sich einfach, können miteinander ungefiltert sie selbst sein. Sie teilen ihren Schmerz in schweren Zeiten und ihre Freude in guten …

Eine Klientin von mir war sehr verunsichert. Sie fühlte sich von ihrem Partner nicht verstanden. Beide betrachten die Welt mit sehr unterschiedlichen, oft konträren Augen. Jeder geht seinen eigenen Weg – und trotzdem lieben sie sich. Eine Beziehung mit einem Partner, mit dem du dich nicht wirklich seelenverwandt fühlst, kann trotzdem glücklich sein, solange ihr eure Unterschiedlichkeit wertschätzt. Tiefere Gespräche und diese besondere Nähe kannst du dann mit einer seelenverwandten Freundin, Kind oder Elternteil teilen. Vielleicht gebt ihr, dein Partner und du, einander Stabilität, ihr harmoniert und ergänzt euch im Alltag. Falls du das Gefühl hast, dass dir und deinem Partner diese ganz tiefe Verbindung fehlt, kannst du sie mit deinen Seelenverwandten teilen.

Möglicherweise ist es bei dir aber umgekehrt. Du fühlst du eine tiefe Verbindung zu deinem Partner, aber keine zu deiner Familie oder deinen Freunden. Obwohl blutsverwandt, fühlst du dich in deiner Familie fremd. Vielleicht fühlst du dich sogar mehr in der Familie deines Partners zu Hause als in deiner eigenen. Wenn du dich fremd in deiner Familie fühlst, bist du trotzdem nicht per Zufall in deine Familie geboren worden. Es war die beste Möglichkeit für dich, bestimmte Erfahrungen zu machen – und wenn es nur die war, dich fremd zu fühlen und nach deiner Seelenfamilie Ausschau zu halten.

Viele, die sich in ihrer Familie nicht zu Hause fühlen, leiden darunter, weil sie alles versuchen, um ein harmonisches Familienleben herzustellen. Sie kämpfen um Anerkennung, fühlen sich von ihrer Familie nicht geliebt, weil sie anders sind. Die Familie fühlt sich auch durch deren Andersartigkeit bedroht und abgelehnt. Akzeptiere eure Unterschiedlichkeit. Jede Sichtweise, jede Art zu leben hat ihre Berechtigung. Weder du noch der Rest deiner Familie kann und muss den anderen von seiner Lebensweise überzeugen. Du kannst nichts erzwingen und auf Distanz voller Liebe und Frieden mit ihnen verbunden sein. Lass alle Bilder, wie eine glückliche Familie auszusehen hat, los. Liebe deine Familie und die Familienmitglieder so, wie sie sind.

Natürlich ist das leichter gesagt als getan, wenn du der Einzige in der Familie bist, der aus der Reihe tanzt. Vielleicht hast du dadurch schnell das Gefühl, nicht richtig zu sein, und vermisst Unterstützung. Akzeptiere, dass du sie von ihnen nicht bekommst. Wenn du Liebe und Verständnis in deiner Familie erzwingen willst, vergeudest du nur deine Energie und erzeugst eine Menge Unruhe und unnötige Kämpfe.

Nutze lieber deine Energie, um die tiefere Verbindung, nach der du dich sehnst, bei anderen Menschen, aber besonders im Göttlichen zu finden. Öffne dich für deine Seelenfamilie und deine geistige Familie. Deine Seelenfamilie versteht dich und fängt dich auf, denkt und fühlt ähnlich. Du fühlst dich gesehen und verspürst eine gewisse Vertrautheit. Du begegnest ihnen, je mehr du dich zu erkennen gibst, du selbst bist und aus dem Seelenbewusstsein heraus lebst.

Ihr seid auch über den Tod hinaus miteinander verbunden

Oftmals sind nicht alle Mitglieder deiner Seelenfamilie zu diesem Zeitpunkt auf Erden. Vielleicht sind sie schon verstorbenen oder noch gar nicht inkarniert.

Neben Guido habe ich eine unglaublich tiefe Verbindung zu meiner Mutter, die inzwischen ihren Körper verlassen hat. Durch ihren Tod erfahre ich die Zeitlosigkeit und die ewige Dimension von Seelenverbindung noch einmal in einem ganz anderen Ausmaß. Meine Mutter genießt als freie, leichte Seele das Dasein in einer anderen Welt. Und ich bin glücklich mit meinem Mann und meinem Leben, meiner Aufgabe und meiner Arbeit. Meine Mutter und ich, wir leben beide in unterschiedlichen Welten und dennoch ist es, als bewegen wir uns über das Leben hinaus, in einem eigenen gemeinsamen energetischen Raum. Unsere Liebe ist so stark, dass Raum und Zeit darin verschwinden. Als Jungfrau meines Sternzeichens und forschender, kritischer Mensch staune ich einfach nur.

Ich habe meine Mutter bei ihrem letzten Atemzug, genau wie meinen Vater und meine Oma, begleitet. Meinen Vater und meine Oma habe ich auch geliebt. Doch mit meiner Mutter habe ich mich wortlos verstanden. Auch nach ihrem Tod ist sie mir näher als nah. Wir kommunizieren weiter mit und ohne Worte. So wie die Liebe von Guido und mir nicht von dieser Welt ist, so ist sie zu meiner Mutter. Witzigerweise sind Guido und meine Mutter auch tief miteinander verbunden. Wann immer ich allein auf Bali war, haben Guido und meine Mama viel Zeit miteinander verbracht.

Ich habe einige Menschen beraten, die Seelenverwandte verloren haben. Niemand versteht sie. Denn ihre Trauer ist anders, tiefer, als wenn ein nicht seelenverwandter Mensch stirbt. Seelenverwandte können auch nach ihrem Tod noch einen großen Raum in unserem Leben einnehmen. Manche Hinterbliebenen fühlen sich auch noch nach 10 Jahren auf eigenartige Weise mit dem Verstorbenen verbunden. Vor allem dann, wenn diese Verbindung so tief und außergewöhnlich war, dass sie durch nichts und niemanden zu ersetzen ist. Wichtig ist, dich nicht an den Verstorbenen zu klammern, sondern zu akzeptieren, dass er seinen Körper verlassen hat. Wenn du nicht leiden willst, lässt du ihn auf der körperlichen Ebene los und öffnest dich der seelischen.

Ich habe das Glück, mich so im Göttlichen, im größeren Ganzen geborgen zu fühlen, dass obwohl meine Mutter eine große Lücke hinterlassen hat, ich, selbst wenn Tränen liefen, keinen Schmerz gefühlt habe.

Um wahrhaftig glücklich zu sein, gilt es, egal wo du bist, dich im größeren Ganzen zu Hause zu fühlen. Wenn du dich der Seelenebene öffnest, dann bist du nie allein. Denn Seelenverbindungen existieren über die Zeit hinaus. Sie sind nicht an unseren Körper gebunden. Sowie die Begegnung nicht erst mit unserem ersten irdischen Treffen begonnen hat, endet sie auch nicht mit dem Tod.

Manche aus unserer Seelenfamilie sind auch jetzt gar nicht inkarniert. Ich bin mit einigen, die noch nie inkarniert waren, verbunden.

Unterschiedliche Formen der Seelenverwandtschaft

Mit manchen Seelenverwandten verbringen wir ein paar Minuten, ein paar Stunden, mit anderen verbringen wir fast unser ganzes Leben. Vielleicht begegnen wir einem Seelenverwandten zufällig im Zug. Wir unterhalten uns, verstehen uns und berühren uns tief. Doch dann sehen wir uns nie wieder. Mit anderen Seelenverwandten verbringen wir Monate, Jahre unseres Lebens.

Einige ganz wenige Seelenverwandte fühlen sich sogar wie ein Teil von uns selbst an. Die Verbindung zu ihnen ist noch tiefer. Denn Seelenverwandte können entweder unserem Seelenstamm oder unserer engeren Seelenfamilie entspringen.

Unser Seelenstamm umfasst Seelen, die energetisch ähnlich wie wir schwingen, die oftmals auch mit einem ähnlichen Anliegen in diese Welt kommen. Die Vertrautheit, die wir zu Menschen aus unserem Seelenstamm spüren, ergibt sich nicht unbedingt aus einer persönlichen Bindung, sondern aus der ähnlichen Schwingung. Sie haben aber – anders als Menschen aus unserer engsten Seelenfamilie – nicht diese außerordentliche Bedeutung in unserem Leben.

Unsere direkte, engere Seelenfamilie ist uns viel, viel näher und vertrauter. Unsere Verbindung, unser Band ist stärker. Wir sind „seelenblutsverwandt". Ihnen begegnen wir immer wieder.

Zwillinge, besonders eineiige, sind auch auf der Seelenebene tief miteinander verbunden. Im balinesischen Glauben werden Zwillinge bereits aufgrund ihrer gemeinsamen Geburt als seelenverwandt angesehen. Balinesen glauben, dass Zwillinge grundsätzlich ein hohes Maß an spiritueller Kraft mitbringen. Zwillinge gelten als besondere Seelen und werden als Symbol für die Einheit betrachtet.

Dass nicht einmal der Tod unsere Verbindung durchtrennen kann, erklärt, warum Seelenverbindungen so stark und bedeutsam sind. Vielleicht spürst du eine besondere Verbindung zu deiner seelenverwandten Schwester, Freundin oder Cousine. Und obwohl du hier (und sie vielleicht in Australien) lebst, denkt ihr zur selben Zeit aneinander und erlebt sogar am anderen Ende der Welt dasselbe. Seelenverwandte Verbindungen bewegen sich außerhalb von Raum und Zeit.

Kurz bevor Guido mir ein Heiratsantrag gemacht hat, war ich auf einer Insel in Malaysia. In dem Doppelbett, in dem ich schlief, platzierte ich Guidos Foto auf dem freien Platz neben mir. Es war, als würde er wie immer neben mir schlafen. Plötzlich hörte ich eine innere Stimme: „Ich bereite mich aufs Heiraten vor." Wir hatten nie über Heirat gesprochen noch war es mir ein direktes Anliegen. Und tatsächlich, als Guido mich vom Flughafen in München abholte, machte er mir an unserem Lieblingsplatz einen mich sehr berührenden Heiratsantrag. Und wie es der Zufall so will, hatte er wie ich mein Foto in dem leeren Bett neben ihm platziert. Witzigerweise haben wir beide die Bettseiten so gewählt, als hätten wir wirklich nebeneinander geschlafen.

Einmal, als ich mit Guido besonders tief verbunden war und allein nach Bali reiste, schrieb ich versehentlich bei der Einreise nach Bali auf ein Formular seinen anstatt meinen Vornamen. Ich hatte außerdem während des ganzen Fluges das Gefühl, dass er neben mir sitzt. In Seelenverwandtschaften ist das Gefühl von Einheit manchmal so ausgeprägt, dass sich unsere körperlichen Grenzen und unser Ich auflösen.

Seelenverwandtschaften innerhalb deiner irdischen Familie können ähnlich intensiv sein wie die mit einem Seelenpartner. Ihre Bande sind besonders stark. Blut ist dann zusätzlich noch dicker als Wasser. Ich bin sehr dankbar, mit Guido, meinem Seelenpartner, leben zu dürfen und auch noch in eine Familie mit meiner Mutter und drei weiteren Seelenverwandten geboren zu sein.

Seelenverwandtschaften innerhalb von Familien sind ein außerordentliches Geschenk, neigen aber dazu, die natürliche irdische Ordnung durcheinanderzubringen. So weise die Ordnungen der Liebe von Bert Hellinger und Familiensystemische Sichtweisen sind, so schnell werden sie von Seelenverbindungen unterwandert. Und natürlich gilt: Unsere Kinder sind unsere Kinder. Und unsere Eltern unsere Eltern. Unsere Kinder sind genauso wenig unser Partner wie unsere Eltern. Das ist die natürliche Ordnung, die einzuhalten ist.

Aber warum sind dann manche von uns mehr mit einem ihrer Kinder, mit einem Elternteil, mit einem guten Freund als mit ihrem Partner verbunden? Warum ist denn in sehr vielen Familien unbewusst diese natürliche Ordnung außer Kraft gesetzt? Warum bewegen sich die meisten Familien nicht in der natürlichen irdischen Ordnung? Weil sich Seelenverwandtschaften nicht unbedingt an die irdische Ordnung halten. Vielleicht verbindet dich mit deinem Kind oder einem Elternteil eine tiefere Übereinstimmung als mit deinem Partner. Ist das der Fall, bist du unbewusst geneigt, mehr mit deinem Kind oder einem Elternteil verbunden zu sein. Wie schnell übernimmt dein Kind die Rolle deines Partners und du verlierst deinen Partner, der an deiner Seite stehen sollte, aus dem Auge.

Manche Partnerschaftsprobleme haben ihren Ursprung darin, dass wir eine tiefere Verbindung zu unseren Kindern oder zu einem Elternteil verspüren als zu unserem Partner. Viele Männer schauen sich, wenn die Aufmerksamkeit ihrer Frau überwiegend den Kindern oder anderen Seelenverwandten gilt, gerne nach anderen Frauen um oder geben all ihre Energie in ihre Arbeit. Sie suchen woanders nach der Anerkennung, der Liebe und Aufmerksamkeit, die ihnen in ihrer Partnerschaft fehlt.

Dasselbe passiert umgekehrt: Eine Frau, deren Mann mehr mit seiner Arbeit, seinen Fußballkollegen oder seiner Mutter verheiratet ist und der dann auch noch Schwierigkeiten hat, seine Gefühle zu zeigen, wendet sich oftmals stärker den Kindern und Freundinnen zu. Nur ist dein Partner nicht umsonst dein Partner.

Eure Verbindung gilt es wertzuschätzen, ihr deine Energie und Aufmerksamkeit zu schenken. Die Herausforderung ist, euch als Paar nicht zu verlieren, wenn die Verbindung und das Verstehen mit einem anderen Menschen tiefer ist. Tiefe Seelenverbindungen wirken so stark, dass es eine große Bewusstheit erfordert, die irdische Ordnung einzuhalten.

Es ist ganz natürlich, dass wir uns am stärksten zu den Menschen hingezogen fühlen, die uns zutiefst verstehen und vertraut sind, bei denen wir uns aufgehoben fühlen. Da Seelenverbindungen nicht austauschbar sind, verschwinden sie nicht einfach, egal, wie sehr wir uns gegen sie wehren und sie verleugnen. Sie haben eine unglaubliche, nicht zu unterschätzende Kraft.

Manchmal verspüren Eltern, die all ihre Kinder sehr lieben, eine stärkere Resonanz zu einem Kind. Egal, wie gerecht sie sein wollen, wie sehr sie alle gleich lieben, wie viel Mühe sie sich geben, es wird nie etwas daran ändern, dass ihnen dieses eine Kind näher ist. Egal, wie sehr sie das zu verbergen versuchen und alle Kinder gleichbehandeln, es wird ihnen nicht gelingen, diese tiefere Verbindung zu leugnen. Sie können nichts dagegen tun, egal, wie sehr sie sich anstrengen. Alle anderen Kinder wissen und spüren es auch. Wir alle spüren sofort, wer mit wem auf einer Welle schwimmt.

Aber egal, ob du dich mit einem deiner Kinder seelenverwandt fühlst, dein Kind ist nicht umsonst nicht dein Partner. Hältst du die natürliche irdische Ordnung nicht ein, erzeugst du Schmerz. Dein Partner fühlt sich nicht gesehen und verstanden. Dein Kind fühlt sich nicht frei, um unabhängig von dir sein Leben zu erobern, und hat oft Schwierigkeiten bei der Partnerwahl. Dein Kind muss sein Leben leben, und gehört nicht an deine Seite. An deine Seite gehört dein Partner.

Seelenverwandtschaften übersteigen oftmals alles, was wir psychologisch und gesellschaftlich betrachtet über Beziehungen glauben. Vieles stellt sich von der Seelenebene aus betrachtet ganz anders dar. Manches, was psychologisch als schwieriges Beziehungsverhalten gilt, ist einfach nur Ausdruck einer Seelenverbindung. Aus psychologischer Sicht werden symbiotische Beziehungen tendenziell als krank, als ungesund bezeichnet.

Tiefe Seelenverbindungen weisen tendenziell symbiotische Anzeichen auf

Mit Seelenverwandten sind wir oftmals so vertraut, dass wir uns als Einheit empfinden. Wir wissen, dass wir zusammengehören. Wir fühlen ähnlich, verbringen besonders gerne Zeit miteinander, sind unzertrennlich. Wir nehmen uns mehr als etwas Gemeinsames, als WIR denn als Individuum wahr. Wir fühlen uns geborgen.

Das Gemeinsame stärkt uns, gibt uns die Kraft, voller Tatendrang unsere Talente der Welt zur Verfügung zu stellen. Wenn wir mit einem Seelenverwandten unzertrennlich zu sein scheinen, ist das nicht automatisch mit Abhängigkeit gleichzusetzen oder damit, uns selbst aufzugeben.

Ich halte außerdem diese Tendenz unserer Gesellschaft zur Individualisierung für gefährlich. Nie zuvor hat es so viele einsame Menschen gegeben. Diese erzwungene Unabhängigkeit tut den wenigsten Menschen gut. Natürlich spüren wir unseren Schmerz stärker als den eines anderen, selbst wenn wir über sehr viel Mitgefühl verfügen. Wir sind hier in einem eigenen, getrennten Körper. Wir haben unser eigenes Leben. Und dennoch sind wir tiefer miteinander verwoben, als wir es uns vorstellen können. Wir sind außerdem soziale Wesen.

Es gibt einen großen Unterschied zwischen einem symbiotischen und einem abhängigen Verhalten, obwohl die Grenzen fließend sein können.

Ich fühle mich oft mit Guido wie alleine, nur noch besser, weil wir ähnlich fühlen, dieselben Interessen und Vorlieben teilen. Mit Menschen, die sehr anders schwingen, kann ich einige Zeit verbringen, sie als sehr bereichernd empfinden, aber dann ist Schluss. Dann brauche ich Zeit für mich. Mit einem Menschen, mit dem wir zutiefst seelenverwandt sind, ist das Zusammensein so natürlich wie das Atmen. Das Zusammensein bedeutet keinerlei Anstrengung. Außer dann, wenn sich der andere in negativer Energie bewegt, negative Gedanken und Gefühle hegt. Dann kann natürlich auch das Zusammensein mit einem Seelenverwandten sehr anstrengend sein. Normalerweise aber stärkt das Zusammensein.

Guido und ich verbringen, wenn möglich, jede Minute miteinander. Wir sind sehr aufeinander bezogen. Uns gibt das ein Gefühl von Ruhe und Freiheit. Bevor ich Guido kennenlernte, war ich in Männer verliebt, deren Beziehungsverhalten sehr freiheitsliebend, unverbindlich, unabhängig und wenig bezogen war. Ich selbst habe mich durch diese Unverbindlichkeit, diese propagierte Freiheit und Unabhängigkeit in einer gewissen Spannung und unfrei gefühlt. Äußerliche Freiheitskriterien müssen nicht von wirklicher innerer Freiheit zeugen.

Denn das Wichtigste ist deine innere Freiheit. Womit fühlst du dich frei und womit eingeengt? Wenn du gerne jede Minute mit einem seelenverwandten Menschen verbringst oder ihr täglich mehrmals miteinander telefoniert und du damit glücklich bist, wunderbar! Wenn du aber unter einer symbiotischen Beziehung leidest, dich abhängig fühlst, dann solltest du etwas unternehmen. Was zählt, ist das Ergebnis: Bist du glücklich oder nicht? Gewinnst oder verlierst du Energie? Leidest du oder beflügelt dich diese Beziehung?

Bei allen gängigen Vorstellungen, Ideen und Meinungen beachte immer, dass wir in einer Gesellschaft leben, in der die meisten Menschen nicht glücklich und viele Paare geschieden sind. Also kann nicht alles, was wir normalerweise über das Glück und die Beziehungen glauben, Gold sein. Warum schweigen denn so viele Menschen, die Seelenverwandte verloren haben und auch noch nach zehn Jahren mit ihnen sprechen? Sind sie alle pathologisch oder fühlen sie eine Verbindung, die Leben und Tod übersteht?

Natürlich existieren manche Menschen nach dem Tod eines geliebten Menschen nur noch, bleiben in der Vergangenheit stecken, leben nicht mehr wirklich ihr Leben, halten krampfhaft an dem Verstorbenen fest. Das ist natürlich ungesund. Ich bin aber auch einigen Menschen begegnet, die ihr Leben nach dem Verlust eines geliebten Menschen weiterleben, wieder glücklich sind und doch immer noch eine unerklärlich starke Verbindung fühlen.

Meine Mutter hatte, außer zu mir und zwei anderen Verwandten, noch eine sehr tiefe Seelenverbindung zu ihrem Vater. Wann immer sie über ihn sprach, war sie tief berührt. Und das auch 30 Jahre, nachdem er seinen Körper verlassen hatte. Ich konnte das früher nicht immer nachvollziehen. Manchmal dachte ich mir: „Das ist doch schon so lange her!" Manches muss man erst selbst erleben, um es in der Tiefe verstehen zu können. Heute würde ich sie noch besser verstehen.

Die Tiefe der Verbindung zu Guido und meiner Mutter ist sehr wertvoll. Seelenverwandtschaften sind kostbar. Du findest sie nicht an jeder Ecke. Einer Seelenverwandtschaft musst du dich außerdem würdig erweisen. Sie bedarf deiner Achtung und deiner Wertschätzung. Und das bedeutet auch, ehrlich, treu und loyal zu sein, nicht bei der ersten Herausforderung das Handtuch zu schmeißen und aufeinander zuzugehen. Die Großartigkeit einer Seelenverbindung entfaltet sich besonders dann, wenn du dauerhaft in der Liebe bleiben kannst. Aber das ist genau der Knackpunkt, wo es bei den meisten hapert.

Treue ist auch ein besonders wichtiger Wert, der für Seelenverwandte genauso gilt wie für Partnerschaften. Sie bezieht sich nicht nur darauf, nicht „fremdzugehen“, sondern zu dem anderen zu stehen und über Jahrzehnte eine Beziehung zu pflegen. Treue drückt sich auch darin aus, in guten und schlechten Zeiten füreinander da zu sein. Zu treuen Seelen werden wir, indem wir Versprechen einhalten, zuverlässig sind und das Wohl des anderen im Auge behalten. Denn wenn wir sicher sein können, dass der andere loyal ist, fühlen wir uns in seiner Nähe wohl und können unsere Gedanken und Gefühle ohne Angst teilen.

Dass unsere Gesellschaft immer mehr verroht, hat auch damit zu tun, dass zeitlose Werte wie Dankbarkeit, Verbundenheit, Ehrlichkeit, Verbindlichkeit, Treue, Freundlichkeit, Herzlichkeit, Wertschätzung, Güte und Mitgefühl an Bedeutung verloren haben. Dabei sind diese Werte wichtig für gute Beziehungen und für eine Gesellschaft, die in Frieden und Wohlstand leben will.

Ganz wichtig ist mir noch zu betonen, dass wir letztendlich mit allen Menschen verbunden und alle Teil der einen Quelle sind. Natürlich gilt es, jedem Menschen, ob seelenverwandt oder nicht, Wertschätzung, Mitgefühl und Verständnis entgegenzubringen. Es geht darum, die Einheit hinter allem zu erkennen. Denn im Ursprung existieren nicht einmal mehr einzelne Seelen; alles löst sich im Ursprung auf. Aber obwohl wir eins sind, haben wir hier nun einmal getrennte Existenzen, einen eigenen Körper und Menschen, die uns näher als andere sind. Das lässt sich nicht gleichmachen.

Gleichzeitig sollten wir Menschen schätzen, die mit uns gar nicht vertraut und ganz anders sind. Von ihnen können wir unglaublich viel lernen. Ich liebe Menschen, die meinen Horizont erweitern, weil sie mir die Vielfalt der Schöpfung, ihre unglaubliche Genialität und Vielseitigkeit zeigen. Ich empfinde Andersartigkeit als eine wundervolle Bereicherung, die mich immer wieder staunen lässt. Als Abenteurer und Forscher liebe ich es, neue Erfahrung zu machen, andersartige Menschen zu erforschen und hinter allem wieder nur Verbundenheit, dasselbe Sein zu entdecken. Am Ende ist jeder Mensch, dem wir begegnen, ein Geschenk.

Es gilt, auf keinen Fall Menschen in „Seelenverwandt“ oder „Nicht-Seelenverwandt“ zu kategorisieren und damit eine gewisse Spaltung zu betreiben. Das würde absolut dem Seelen- und Einheitsbewusstsein widersprechen. Letztendlich gilt nur: Wir sind alle ein Teil des Universums und einer Menschenfamilie.

Was tun, wenn sich dein Seelenpartner nicht weiterentwickelt?

Im Laufe einer Beziehung entwickeln sich nicht immer beide Partner gleich. Vielleicht hast du das Gefühl, aus eurer Beziehung herausgewachsen zu sein. Du hegst neue Träume, setzt Projekte um, begegnest neuen Menschen, wirst bewusster und befreist dich aus alten Mustern. Es ist, als ob du eine neue Welt entdeckst, eine Welt des Wachstums und der Reifung, egal, ob du dich mit persönlichen oder beruflichen Zielen beschäftigst oder tiefer in die Spiritualität eintauchst.

Nur, was passiert mit eurer Beziehung, wenn du dich stärker weiterentwickelst als dein Partner und er sich dort wohlfühlt, wo er ist? Was passiert, wenn sich die gemeinsamen Wege, die Inhalte eures Lebens ändern und du das Gefühl hast, deiner Partnerschaft entwachsen zu sein?

Nicht immer findet die Liebe im Gleichschritt statt. Nicht immer geht unsere Entwicklung mit gleicher Geschwindigkeit in dieselbe Richtung. Wer sich mit einem höheren Bewusstsein und der Entfaltung seines Potentials beschäftigt, macht oft die Erfahrung, dass ihm manche seiner Kontakte plötzlich nicht mehr entsprechen.

Dass du dich weiterentwickelst, bedeutet: Du veränderst dich. Und wenn du dich veränderst, passt du oftmals nicht mehr in dein Umfeld. Die Gesprächsthemen interessieren dich nicht mehr wie früher. Die Aktivitäten begeistern dich nicht mehr. Du hast keine Lust mehr, dich mit den gleichen alten Geschichten, Inhalten und Mustern zu beschäftigen. Die Schuhe, die du trägst, sind zu klein geworden. Diese Entwicklungen in deinem Freundeskreis zu meistern, ist meist leichter als in der Partnerschaft. Du kannst die Freundschaften, die dir geblieben sind, intensivieren und besuchst Seminare und Gruppen, bei denen du neue gleichgesinnte Menschen triffst.

Aber was ist mit deiner Partnerschaft? Vielleicht spürst du, dass du deinen Partner zwar liebst, aber dass es so nicht weitergeht. Vielleicht hast du auch Angst, dass deine Entwicklung zur Gefahr für deine Partnerschaft oder zum Trennungsgrund werden könnte. Vielleicht wird es immer schwieriger, das Verhalten deines Partners und eine gewisse Schwere, die ihn umgibt, auszuhalten.

Dein Partner hingegen wünscht sich euren vorigen Zustand zurück. Er denkt vielleicht: Warum denn etwas ändern, wenn es bisher gut war? Doch du möchtest fliegen, deine Flügel ausbreiten und das Leben genießen. Du fühlst dich in deiner Entwicklung ausgebremst.

Ihr streitet mehr, eure Konflikte häufen sich. Vielleicht beginnst du, dich immer mehr emotional aus eurer Beziehung zu lösen.

Doch was kannst du tun, um das Problem zu lösen? Um was geht es wirklich?

Warum dein Partner sich nicht weiterentwickeln muss

In Wahrheit geht es nicht darum, dass sich dein Partner weiterentwickeln muss. Es geht um dich. Du gibst der scheinbar mangelnden Weiterentwicklung deines Partners zu viel Macht. Du machst dein Glück und eure Liebe von seiner Weiterentwicklung abhängig. Dein Partner hat die Freiheit, leiden, stehen bleiben und sich nicht weiterentwickeln zu dürfen. Es ist sein gutes Recht. Manchmal müssen wir akzeptieren, dass nicht jeder denselben Wunsch nach Wachstum und Entwicklung hat und vor allem, dass der Weg unterschiedlich aussehen kann. Vielleicht entwickelt sich dein Partner weiter, aber nur nicht so, wie du es dir wünschst.

Wenn du glaubst zu erkennen, dass dein Seelenpartner nicht bereit ist, sich weiterzuentwickeln, musst du loslassen und dich auf deine eigene Reise konzentrieren. Das bedeutet aber nicht, dass du die Verbindung zu deinem Partner aufgeben musst. Im Gegenteil. Akzeptiere einfach nur seine Entscheidung, auch wenn dein Beweggrund einzig der ist, ihm helfen zu wollen. Vielleicht will er deine Hilfe nicht und empfindet sie auch nicht als solche. Versuche ihn nicht zu etwas zu bewegen, das er nicht will.

Du suchst verständlicherweise nach Gleichklang, nach Verbindung und Gemeinsamkeit. Du hast verständlicherweise Angst, dass die Diskrepanz zwischen euch immer größer wird. Du möchtest nicht allein, sondern mit deinem Partner gemeinsam durchs Leben gehen. Du hast Angst, ihn zu verlieren, wenn du dich allein weiterentwickelst. Du bewegst dich im Spagat. Einerseits willst du vorwärts, andererseits deinen Partner nicht verlieren. Schreite unabhängig von ihm, liebevoll, aber entschlossen voran. Gehe an den entscheidenden Stellen alleine vorwärts und akzeptiere eure Unterschiedlichkeit.

Wenn du von deinem Partner Entwicklungen erwartest, die er einfach nicht leisten kann oder will, fühlt er sich nicht wertgeschätzt und unter Druck gesetzt. Umgekehrt fühlst du dich verpflichtet, ihn mitzunehmen, was sich äußerst schwierig, ja fast unmöglich gestaltet. Du verausgabst dich und trägst eine Bürde, die du gar nicht tragen musst. Die Diskrepanz zwischen euch auf diese Weise ausgleichen zu wollen, ist nicht möglich. Sobald ihr eure unterschiedliche Entwicklung anerkennt, fällt ein großer Druck von euch ab. Sie löst sich in der Akzeptanz und in der Liebe auf.

Erkenne eure Unterschiedlichkeit an

Es lässt sich nun einmal nicht alles gleich machen. Wir sind nicht umsonst so, wie wir sind, erschaffen worden. Unsere Unterschiedlichkeit in unserer Entwicklung gilt es zu akzeptieren.

Du hast die Erlaubnis, zu fliegen, und dein Partner, dort zu bleiben, wo er ist, selbst wenn er leidet. Lass die Erwartung los, dass Gemeinsamkeit bedeutet, euch gleichzeitig weiterentwickeln zu müssen. Tue einfach, was du tun willst. Mache deinem Partner keine Vorwürfe.

Kämpfe nicht darum, dass er sich weiterentwickelt. Vielleicht ist sein Weg ein anderer. Vielleicht braucht und will er ein Stück Leiden.

Selbst wenn du die Lösung siehst und wie einfach es für ihn wäre, sich von seinen Problemen zu befreien. Du kannst sie ihm nicht abnehmen, wenn er es nicht will.

Fühle dich nicht für sein Glück und seine Weiterentwicklung verantwortlich

Ich fühlte mich immer für das Glück anderer mitverantwortlich und wollte ihnen helfen, sich von ihrem Leiden zu befreien. Ich wollte schon als Kind die Schwierigkeiten meiner Eltern lösen. Ich wollte, dass sie glücklich sind. Ich habe mich nicht auf mich konzentriert und unabhängig von ihren Problemen frei gelebt. Ich habe fast meine ganze Energie darein gesteckt, helfen zu wollen.

Eines Tages erkannte ich, dass, egal, wie viel Einsatz ich gebe, es keinen Unterschied macht und ich gar keine Hilfe bin. Im Gegenteil, dass ich durch mein Verhalten nur noch mehr Probleme erzeugt habe. Ich lernte, dort zu helfen, wo meine Hilfe auf fruchtbaren Boden fiel und dass ich demütig das Schicksal jedes einzelnen Menschen und seine Entscheidung, an seinen Problemen festhalten zu wollen, zu respektieren habe.

Außerdem begriff ich, dass es mein tiefster Wunsch war, selbst völlig frei und glücklich zu leben. Ich wusste, dass das möglich ist, weil ich diesen Zustand kannte, bevor ich geboren wurde. Ich war jedenfalls bereit, alles dafür zu geben, alles zu tun, um das Wirklichkeit werden zu lassen. Ich gab Vollgas, befreite mich und lebe das glücklichste Leben, das ich zu leben imstande bin. Heute bin ich eher durch mein Sein ein Beispiel, dass es anders geht. Ich versuche nicht mehr, Menschen, die nicht wollen, zum Glücklichsein zu bewegen.

Geh voran

Wenn du also deinen Partner zur Weiterentwicklung zwingen willst, höre auf damit. Entwickle dich selbst weiter. Akzeptiere deinen Partner und die Diskrepanz zwischen euch. In dem Moment, in dem ihr beide sie akzeptiert, nähert ihr euch an.

Liebe, aber geh vorwärts. Trau dich. Es hilft deinem Partner und eurer Beziehung nicht, wenn du unter deinen Möglichkeiten lebst. Entfalte deine gottgegebenen Talente und stelle sie der Welt zur Verfügung. Wenn du unter deinen Möglichkeiten lebst, bist du nicht wirklich glücklich.

Außerdem ist es nicht hilfreich, wenn du zu viel von deinem Partner erwartest und etwas forderst, das er nicht erfüllen kann. Geh du mit Vollgas voran. Überwinde die Angst, du könntest deinen Partner deswegen verlieren. Wenn er dich liebt, wird er von selbst versuchen, sich zu bewegen. Du kannst ihm auch auf andere Art und Weise deine Solidarität und deine Liebe zeigen. Es ist falsch verstandene Liebe, dich aus Liebe zu deinem Partner auszubremsen und aus der Angst, ihn zu verlieren. Du liebst deinen Partner, aber es gibt so viele gesunde Wege, ihm das zu zeigen.

Trau dich

Prüfe vor allem auch, wovor du Angst hast, wenn du das tust, was dir entspricht. Ist dein Partner vielleicht nur ein Vorwand für deinen mangelnden Mut, für deine Angst, noch mehr in die Welt rauszugehen und dein Potenzial zu entfalten? Worauf wartest du? Tue es einfach. Alle Macht ist mit dir. Löse den Klotz am Bein und erlaube dir, dich leicht und frei weiterzuentwickeln. Vielleicht ist eure Liebe stärker, als du denkst. Vielleicht kannst du mehr wagen. Trau dich, und mache nicht deinen Partner für deinen mangelnden Mut und deine Unentschlossenheit verantwortlich.

Ich selbst habe mich sehr oft zurückgenommen, aus Angst, ich könnte Guido verlieren, wenn die Lücke zwischen uns zu groß wird. Doch es hat weder ihm noch mir gutgetan. Das Thema löste sich in dem Moment auf, als wir die Unterschiedlichkeit zugelassen und anerkannt haben.

Außerdem scheint es gut zu sein, dass dein Partner es dir nicht so leicht macht. Würde er dir mehr entgegenkommen, müsstest du nicht die notwendige Klarheit und Entschlossenheit entwickeln, um damit die nächste Stufe in deiner Bewusstseinsentwicklung zu nehmen. Dein Partner verhilft dir zu der fehlenden Unabhängigkeit und Klarheit, indem er dir nichts schenkt.

Vielen, die der Welt wirklich etwas zu geben und Stärke haben, mangelt es an Klarheit und Entschlossenheit. Sie streben nach Harmonie und hoffen auf Verständnis, auf Zuwendung und Liebe. Meist trifft das auf Frauen zu, manchmal auch auf hochsensible Männer. Ich mag keine Verallgemeinerung – und schon gar nicht in Bezug auf Männer und Frauen.

Dennoch unterscheide ich in diesem Beispiel Männer und Frauen, wohlwissend, dass sich manchmal die Dynamik auch umgekehrt darstellt.

Manche Männer nehmen die Weisheit ihrer Frau nicht ernst, weil sie spüren, dass es ihr an konsequenter Handlung mangelt. Rational und materiell ausgerichtete Männer spüren sofort, dass ihre Frauen und deren Aussagen vielleicht weise sind, sie aber nicht über ausreichend Kraft, Macht und Standhaftigkeit verfügen. Sie reagieren meistens erst dann, wenn die Frau sich innerlich von dem Wunsch nach Verständnis löst und entschlossen in die Umsetzung geht. Sie spüren, wenn alle Ankündigungen und Drohungen nicht wirklich ernst sind. Die Frage, die sich dann stellt ist: Ist die Frau wirklich insgesamt weiterentwickelt oder nur in bestimmten Bereichen? Wenn der Mann sie auflaufen lässt, erteilt er ihr umgekehrt eine wichtige Lektion, die er selbst vielleicht schon lange gelernt hat: die der Unabhängigkeit, der Klarheit und Durchsetzungskraft.

Die Frau mag im geistigen, spirituellen und emotionalen Bereich weiterentwickelt sein, lernt aber durch die Unbeirrbarkeit ihres Mannes die dringend nötige Durchsetzungskraft. Vielleicht ist ihr Mann sich seiner natürlichen Macht mehr bewusst, lässt sich weniger von Emotionen beeindrucken und verfolgt unbeirrt seinen Weg.

Solange du über deinen Mann stolperst, kannst du immer noch etwas über Entschlossenheit und Unabhängigkeit lernen. Du kannst lernen, seiner Blockadeenergie keine Macht zu geben, und voller Leichtigkeit und Freude so leben, wie es dir am Herzen liegt.

Richte deinen Blick auf das, was euch eint

Wichtig ist aber vor allem das, was euch verbindet, eure Liebe in den Vordergrund zu stellen. Richtet euren Blick weniger auf die Unterschiede. Egal, an welchem Punkt der Entwicklung jeder Einzelne von euch steht, gesteht euch die Realität ein und akzeptiert sie. Nehmt die Unterschiede an und spürt gleichzeitig, dass ihr euch so liebt, dass sie eure Liebe und eure Beziehung nicht schmälern können.

Wer wo steht, ist gar nicht so sehr von Bedeutung. Wichtiger ist, wieder mehr in die Wertschätzung füreinander, in eure Liebe zueinander zu investieren. Spürt, wie wichtig euch eure Beziehung ist und dass auch das Thema Weiterentwicklung eure Liebe nicht aufhalten kann.

Vielleicht ist es bei dir auch umgekehrt und du hast das Gefühl, dass dein Partner vorausprescht und du nur noch hinterher hechelst. Fühlst du dich wie abgehängt von der persönlichen oder beruflichen Weiterentwicklung deines Partners? Fühlst du dich manchmal klein angesichts der Energie, die deinen Partner antreibt? Definiert sich dein Partner nur noch durch neue Projekte, steht ständig unter Strom und kennt er kein anderes Thema mehr? Er vergisst, dir seine Liebe zu zeigen, arbeitet viel zu viel, anstatt wie früher gemeinsam mit dir einzuschlafen oder zum Essen zu gehen? Seine Aufmerksamkeit ist nicht mehr auf dich und eure Liebe gerichtet?

Vielleicht beginnst du an dir zu zweifeln, hast das Gefühl, nicht mehr mithalten zu können, fühlst dich vielleicht sogar minderwertig.

Vielleicht gehst du mit deinem Partner in Konkurrenz, versuchst mitzuhalten, aber egal, was du tust, du hast keine Chance. Du bist frustriert, versuchst, ihn unbewusst zu stoppen und auszubremsen. Du gehst in den Widerstand. Dieser Widerstand kann sich unbewusst in körperlicher Krankheit, Depressionen und Sturheit äußern. Du lässt dich gehen, isst vielleicht zu viel, entwickelst dich zum Gegenpol der Tatkraft, der Lebensfreude, der Disziplin und Dynamik deines Partners. Dir ist alles zu viel und du weigerst dich. Es ist dein Versuch, dem Druck, den du fühlst, zu entkommen und gesehen zu werden.

Dein Widerstand tut aber nicht nur deinem Partner, sondern auch dir selbst nicht gut. Du magst dich selbst nicht, siehst aber keinen anderen Ausweg. Akzeptiere, dass du nicht mithalten kannst und vor allem nicht musst, dass deine Qualitäten ganz woanders liegen. Nimm trotzdem zu deinem eigenen Wohl etwas von der Tatkraft, der Disziplin und Dynamik deines Partners an. Denn deine Passivität tut dir selbst nicht gut.

Habe keine Angst vor der Größe und Energie deines Partners. Er braucht dich und eine Welt ohne Druck, eine Welt der Geborgenheit, der Nähe und der Ruhe. Weil du da bist, deinen Partner unterstützt und ihm eine liebevolle Basis gibst, kann er Vollgas geben. Du bist die Person, zu der er zurückkehrt, die ihm Halt gibt, wenn es stressig wird, wo er auftankt und loslassen kann. Du bist ihm wichtig. Gerade weil du ihm eine Welt der Ruhe, des Nicht-leisten-Müssens, eine Welt neben der äußeren Welt eröffnest.

Lass die Konkurrenz los, die Ohnmacht und das Gefühl, nicht mithalten zu können. Deine Qualitäten liegen ganz woanders. Beginne sie wertzuschätzen. Du gibst deinem Partner die nötige Ruhe. Und dein Partner, er spornt dich an, Neues zu wagen und dich aus deiner Komfortzone herauszubewegen. Ihr seid eine wunderbare Ergänzung.

Lass dich von der Begeisterung, der Disziplin und der Tatkraft deines Partners mitreißen, ohne es ihm gleichmachen zu müssen. Du kannst viel von ihm lernen. Verpasse diese Chance nicht, indem du dich bedroht fühlst oder glaubst, wie er sein zu müssen. Erkennt beide die

Geschenke des anderen an: die Ruhe, die Langsamkeit, die Geborgenheit und Beständigkeit, die du deinem Partner schenkst. Und die Tatkraft, die Lebendigkeit, die Begeisterung und die Großartigkeit, die dein Partner in dein Leben bringt.

Bleib bei dir und verwirkliche im Kleinen deine Träume: Mache endlich die Yoga-Lehrer-Ausbildung, die Fortbildung zum Projektmanager oder fang den Sprachkurs an, mit dem du schon so lange liebäugelst. Falls du dich für nichts wirklich begeistern kannst, kaum eigene Inhalte in deinem Leben hast, ist das auch gut. Dein Partner fließt nur so über von Ideen und Aktivitäten, die ihr gemeinsam ausführen könnt. Dein Partner und du, ihr ergänzt euch in hervorragender Weise. Entwickele mehr Selbstvertrauen. Du bist anders und verfügst über andere Qualitäten.

Menschen, die über viel Liebe, über Verständnis und Mitgefühl verfügen, die gerne im Hintergrund dienen, werden in unserer lauten Welt oft nicht so wertgeschätzt. Aber gerade ihr Verständnis für die leisen Töne sind wichtiger denn je. Ich liebe diese Menschen.

Meine Mutter war eine von ihnen. Sie konnte unendlich lieben und anderen dienen. Sie war glücklich in der zweiten Reihe. Dort lag ihre Stärke. Es sah oberflächlich so aus, als hätte sie selbst keine Inhalte. Tiefer betrachtet, verlangte ihre Aufgabe wahre Größe, anderen zu dienen, Liebe zu verschenken, treu und zuverlässig, da zu sein. Für mich war und ist sie eine der kostbarsten Seelen, denen ich jemals begegnet bin.

Ist dein Partner in zerstörerischen Mustern gefangen?

Bei dir sieht alles noch ganz anders aus? Deine Situation ist noch viel komplizierter und schwieriger? Dein Partner ist in ungesunden Verhaltensweisen gefangen und innerlich nicht mehr zu erreichen? Vielleicht ertränkt dein Partner im Alkohol seinen Kummer, arbeitet ungesund viel, verkauft für den Erfolg seine Seele, verhält sich selbst oder anderen gegenüber zerstörerisch. Vielleicht ist er auch in Depressionen gefangen und lehnt deine und fremde Hilfe rigoros ab.

Mit Menschen, die sich unbewusst dauerhaft vom Leben abgewendet haben, sei es durch den Verlust eines geliebten Menschen, durch eine Arbeit, die sie hassen, krankhafte Familienstrukturen oder weil sie keinen Zugang mehr zu ihrer Kraft und ihrem Lebenssinn haben, ist es schwierig bis unmöglich, eine erfüllte Beziehung zu führen. Ein Hoffnungsschimmer ist, wenn sie einen tiefen Zugang zur Liebe haben.

Vielleicht hast du alles versucht und kannst deinen Partner einfach nicht mehr erreichen. Du liebst ihn noch, aber spürst, dass du so nicht mehr weitermachen kannst. Dein Gefühl täuscht dich nicht. So geht es nicht weiter. Nachdem du alles, wirklich alles versucht hast, darfst du dir eingestehen, dass du auf diesem Wege nichts bewirken kannst. Dann ist es wichtig, Abstand zu nehmen und auf dich zu achten. Überlass auf keinen Fall seinen ungesunden Mustern die Regie. Setze gesunde Grenzen und entzieh dich diesem Drama. Rede nicht auf deinen Partner ein, versuche nicht mehr, ihn zu irgendetwas zu bewegen.

Es hilft nicht, wenn du deinen Partner zu retten versuchst, indem du mit in den Sumpf hinabsteigst. Bleibe stehen, reiche ihm die Hand, aber folge ihm nicht. Wenn er Hilfe ablehnt, dann entziehe dich liebevoll, aber klar dieser negativen Energie. Gib seinem zerstörerischen Verhalten keine Aufmerksamkeit. Wichtig ist, es nicht zu nähren. Wann immer dieses Verhalten auftaucht, ignoriere es und konzentriere dich ganz auf dein Leben.

Wenn dein Partner ehrlich auf dich zukommt und um Hilfe bittet, dann gib ihm all deine Unterstützung. Wenn er allerdings keine Hilfe will, dann musst du das akzeptieren. Gib ihm nicht die Macht, mit seinem kranken Verhalten dein Leben zu beeinflussen. Ihn trifft keine Schuld. Es ist sein Leben, das er in den Sand setzt. Und es ist deine Aufgabe, deines zu schützen und konstruktiv zu leben.

Bilde nicht die energetische Antwort auf sein krankes Verhalten. Halte dich von dieser Art Energie fern. Das bedeutet nicht, dass du grundsätzlich Abstand nehmen musst, sondern nur, dass du diesem negativen Verhalten keinen Raum gibst. Seinen wundervollen und positiven Verhaltensweisen gegenüber kannst du offenbleiben und sie wertschätzen.

Aber hüte dich davor, in diese negativen Energien einzusteigen. Am Ende leidest du mehr als dein Partner. Menschen, die sich in einem krankhaften Verhalten einrichten, halten das, selbst wenn sie darunter leiden, in der Regel gut aus. Sie haben mehr Angst vor einer Veränderung und vor dem Leben als vor dem Schmerz ihres krankhaften Verhaltens oder ihrer körperlichen Erkrankung. Wenn sie so darunter leiden würden wie du, würden sie eine Veränderung vornehmen.

In einfachen Worten gesagt: Trage nicht die Lasten, das Schicksal deines Partners. Übernimm nicht ungefragt seine Last. Oftmals, wenn du ganz entschlossen bist, diese negativen Verhaltensweisen nicht mehr mitzumachen, wenn du energetisch aussteigst, verändert sich etwas. Du findest in deine Kraft zurück. In der Regel bewegt sich dann dein Partner von selbst. Solange du noch um eine Veränderung seines Verhaltens kämpfst, fühlt er sich von deiner Energie genährt. Entziehst du diesem negativen Verhalten Energie, wird dein Partner wach.

Trennen oder bleiben?

Ist deine Situation mit deinem Partner so kompliziert und schwierig, dass du sogar über Trennung nachdenkst? Grundsätzlich trennen sich die meisten Paare viel zu früh. Es ist in der Liebe so viel mehr möglich, als wir glauben.

Trennung findet oftmals dann statt, wenn wir einen größeren Bewusstseinssprung hätten vornehmen und uns selbst korrigieren müssen. Vielleicht sind wir zu selbstgefällig geworden, haben uns selbst nicht kritisch genug betrachtet und uns gegen wichtige Lernschritte gewehrt. Anstatt zu lernen und über unsere Begrenzungen hinauszuwachsen, trennen wir uns lieber. Eine Trennung bringt in diesem Fall keine wirkliche Lösung, sondern zögert nur das Meistern unseres Lernthemas hinaus. Deswegen ist am einfachsten und heilsamsten, auch wenn es unbequem ist, das Problem direkt am Schopf zu packen und zu lösen.

Dass du in eurer Partnerschaft an deine Grenzen gelangt bist, heißt nicht unbedingt, dass es um Trennung geht, sondern nur um persönliches Wachstum und Erweiterung deines Horizontes. Die meisten Trennungen müssten nicht sein, wenn die Bereitschaft zur kritischen Selbstbetrachtung, zu Vergebung und Wiedergutmachung gegeben ist.

Natürlich gibt es einige Konstellationen, in denen Trennung die einzige und beste Lösung ist: Und zwar dann, wenn dein Partner dem Alkohol verfallen ist, aggressiv wird, fremd oder selbstzerstörerisch handelt oder eure Liebe komplett abhandengekommen ist. An sich gilt, zu dem anderen auch in schlechten Tagen zu stehen, ihn in Krankheit, Abhängigkeit oder bei anderen größeren Herausforderungen zu unterstützen. Aber wenn dein Partner dauerhaft zerstörerisch ist, dann musst du dich selbst retten und dich trennen.

Ein anderer Trennungsgrund kann manchmal sein, dass eine Beziehung einfach zu Ende ist. Ihr habt euch geliebt, kostbare Zeit geteilt, aber euer Leben entwickelt sich in andere Richtungen. Ihr seid dankbar für die Zeit miteinander, spürt aber auch: Es ist Zeit, trotz aller Dankbarkeit getrennte Wege zu gehen. Aber auch da gibt es keine Regel. Vertraue dich der größeren Kraft, der Weisheit hinter allem an. Lass dich von ihr führen. Sie sieht das Leben von einer höheren Warte aus. Sie hat immer dein Bestes im Auge. Und vor allem: Vertraue der Liebe. Denn sie ist magisch.

„Erleuchtete Partnerschaften“ – Die Beziehungen der neuen Zeit

In manchen spirituellen Traditionen werden wie gesagt Seelenpartnerschaften als ein höherer Ausdruck von Beziehungen betrachtet, die spirituelles Wachstum und sogar Erleuchtung begünstigen. Das höchste Bewusstsein zeichnet sich durch die Erfahrung der Einheit aus, in der Verschmelzung von Ich und Du. Der spirituelle Zauberschlüssel liegt in dem Gefühl des Einsseins, in der Überwindung einer vermeintlich getrennten Person, in der Auflösung der Dualität.

Eins zu sein mit allem, und im größeren Ganzen geborgen, ist unser ganz natürlicher Zustand. Wenn all unsere Kompliziertheit, Erwartungen, Kämpfe und unser Ego in den Hintergrund treten, erstrahlt unsere göttliche Natur von selbst, dieser strahlende Funke in unserem Inneren. Wir müssen nichts Neues, uns Unbekanntes erlernen, sondern uns dem zuwenden, was wir ganz unschuldig und in aller Einfachheit sind: göttliche Wesen.

Unsere göttliche Natur drückt sich in Mitgefühl, Freundlichkeit, Großzügigkeit, Liebe, Wohlwollen, Freude und stillem Glück aus. Und je mehr wir diese Qualitäten leben, kehren wir in das Bewusstsein der Einheit und des Friedens zurück.

Wie du weißt, konnte ich mich von Kindheit an daran erinnern, wo ich hergekommen bin, bevor ich diesen Körper angenommen hatte, an ein Dasein voller Liebe und Frieden. Ich konnte unseren Ursprung nicht wie die meisten anderen vergessen. Letztendlich kennen ihn alle und jeder sehnt sich unbewusst dahin zurück.

Der Verlust der Einheit, der in dem Bild von Adam und Eva und dem Fall aus dem Paradies seinen Ausdruck findet, drückt das Grundproblem unserer menschlichen Existenz aus. All unsere Probleme in unseren Beziehungen, im beruflichen und gesellschaftlichen Kontext, alle Probleme der Menschheit sind im Bewusstsein der Trennung, im Gefangensein in der Dualität begründet. So gilt es, den Ursprung aller Probleme, den Verlust dieser Einheit, zu überwinden. In Wahrheit hast du sie nie verlassen. Du kannst es nicht, denn du bist Bestandteil dessen. Du nimmst dich nur getrennt von Gott, vom Universum und von anderen wahr. Das Prinzip dahinter beschreiben fast alle Religionen, alle Kulturen in drei Stadien: 1. der paradiesische Urzustand, 2. die Trennung und 3. die Vereinigung, die Rückkehr.

Im dritten und letzten Stadium befinden wir uns jetzt: im Stadium der Vereinigung, der Rückkehr ins höhere Bewusstsein. Und doch sieht es gerade gar nicht danach aus: Die Dualität zeigt sich von ihrer leidvollen, grausamen Seite in Form von Kriegen und Kämpfen und durch Angst- und Mangelzustände. Hinzukommt, dass unsere Gesellschaft immer mehr zu verrohen und in die niedrigen Bewusstseinsebenen abzurutschen scheint – und das, obwohl eigentlich die Epoche der Rückkehr in die Einheit eingeläutet ist. In all den Kriegen und Kämpfen liegt aber die Chance, dass in uns die Sehnsucht nach Einheit und Frieden stärker wird als das Streben nach Macht und Rechthaberei, stärker als unsere Wut, als falscher Stolz, als Konkurrenz und unsere Neigung, als Sieger hervorgehen zu wollen. All das geschieht so lange, bis unser Wunsch nach Liebe und Frieden so stark ist, dass die Verführungen der niedrigeren Bewusstseinsebenen uns nicht mehr locken können.

Doch Vorsicht: Wir brauchen uns gar nicht über Politiker, Kanzler und Präsidenten aufzuregen, solange wir selbst mit unserem Partner und unserer Familie streiten, solange wir selbst Neidgefühle hegen oder glauben, die einzig richtige Sichtweise auf die Welt zu haben. Das, was in der Welt da draußen passiert, ist ein Spiegel unserer eigenen Wut, unserer Tendenz zu streiten, recht haben und kämpfen zu wollen, ein Spiegel unserer eigenen Gier. Trotzdem kann all das nicht verhindern, dass eine neue Epoche angebrochen ist, mit jedem Einzelnen von uns, der sich an die Liebe, an unbeschwertes Sein, erinnert.

Konkret heißt das: Wir müssen das Bewusstsein der Trennung, der Angst und des Mangels verlassen. Und das geschieht, indem wir uns des Urzustandes bewusst werden.

Erinnere dich an den Urzustand

Der Urzustand, die Liebe, ist uns allen vertraut, eine Art universelle Muttersprache, die jeder spricht, jeder versteht, jeder kennt. Es gleicht einem Quantensprung, wenn du zulässt, dass du die Einheit nicht für immer verlassen hast, sondern du sie jetzt reaktivieren kannst, indem du dich erinnerst. Sie ist tief in deinen Zellen gespeichert. Bevor du vergessen hast, wer und was du wirklich bist, waren Frieden und überfließende Liebe deine einzige Realität. Du kannst also die Illusion der Trennung, die Ebene des Mangels und der Angst jetzt verlassen. Eine Seelenpartnerschaft ist DIE Chance, dir deines Ursprungs wieder bewusst zu werden.

Mit einem Seelenpartner kannst du ganz irdisch und körperlich erfahren, wie ihr eins werdet und in etwas Größerem aufgeht. Die Trennung von Ich und Du kann in den Hintergrund treten, etwas Ewiges offenbart sich. Ihr könnt das Gefühl haben, als würdet ihr mit dem anderen verschmelzen, mit ihm eins werden. Im Zustand des Einsseins blickt ihr über die scheinbare Trennung hinaus, hinter den Schleier des Vergessens, und erfahrt eine Verbundenheit mit allem, was existiert.

Wenn du erkennst, dass du untrennbar mit dem Universum verbunden bist, führt das zu einem erweiterten Bewusstsein und einem Gefühl der Verbundenheit mit dem Leben. Wenn du dich als Teil eines größeren Ganzen erfährst, verfügst du über Mitgefühl und die Fähigkeit, dich in die Gefühle anderer hineinzuversetzen. Du verstehst, dass sie nicht getrennt von dir existieren, dass ihre Freuden und Leiden letztendlich mit deinen verbunden sind. Du erfährst ein Gefühl der Ruhe und Gelassenheit. Du erkennst, dass deine Ängste und Sorgen aus der Illusion der Trennung und des Mangels entstanden sind. Du fühlst dich in Einklang und in Harmonie mit dem Universum und erfährst seine Unterstützung.

Für mich waren definitiv das Gefühl der Einheit mit Guido und die mitgebrachte Erinnerung an den Urzustand die zentralen Schlüssel zur Einheit mit dem Göttlichen. Mit Guido konnte ich wieder diesen Zustand erfahren, an den ich mich immer erinnert habe. Er war wie meine irdische Antwort. Denn vor über 50 Jahren, als ich Kind war, wusste niemand, wovon ich sprach. Nicht einmal, als ich mit 21 Jahren Guido traf. Ich sagte zu Guido: „Nur ein einziger Tag mit dir hat mir gezeigt, dass es das gibt, woran ich mich erinnere und dem mein ganzes Leben gilt. Allein für diese Momente hat sich mein ganzes Leben gelohnt."

Denn zuvor fühlte ich mich wie von einem anderen Planeten, als gehöre ich hier nicht hin und als würde keiner meine Sprache sprechen. Wenn dir eine andere Dimension einzig real erscheint, aber niemand das versteht, ereilt dich schnell das Gefühl, falsch zu sein. Glücklicherweise hatte ich die Kraft, diesem inneren Wissen treu zu bleiben und nicht einzuknicken. Das Zusammensein mit Guido war unendlich heilsam. Das einzige Problem war anfangs, dass ich mein Glück, das Gefühl von Vollständigkeit, in den ersten Jahren von ihm abhängig machte.

Irgendwann träumte ich dann, wie ich im Meer schwamm, während Guido am Strand war. Wir schauten uns auf die Entfernung an und wussten beide, dass ich im Meer untergehen und meinen Körper verlassen würde. Er war verzweifelt. Ich versuchte ihm deutlich zu machen, dass es mir leidtut, ihn zurückzulassen, aber dass wir auf ewig miteinander verbunden sind. Ich selbst war ganz ruhig und voller Frieden. Ich fühlte mich eins mit Guido und dem Universum. Unser körperlicher Abschied fühlte sich allerdings so real an, dass ich weinend aufwachte.

Den ganzen Tag über liefen mir Tränen über die Wangen, sogar beim Spiel mit meiner Tennispartnerin. Es war, als wäre ich wirklich gestorben, als hätte sich die Abhängigkeit meines Glücks von Guido im Geborgensein mit dem Universum aufgelöst. Ich liebte Guido nicht weniger als zuvor, vielleicht sogar noch mehr, aber das Gefühl der Einheit und Vollständigkeit war nicht mehr allein von ihm abhängig.

Hinzukam, dass ich eines Tages mein ganzes Leben im Übergang zwischen Schlaf und Aufwachen auf einer Linie sah. Ich stand auf meiner Lebenslinie, vor mir die Linie meiner Zukunft und hinter mir die meiner Vergangenheit. Ich sah alles gleichzeitig von oben und dann löste sich meine Lebenslinie einfach auf. Ich war vollständig präsent im Jetzt, und im größeren Ganzen geborgen. Dieser Zustand hat mich seitdem nie mehr verlassen. Die Einheit mit Guido hat mich zu der Einheit mit dem größeren Ganzen geführt.

Wenn wir unsere Seelenpartnerschaft und das Gefühl tiefer Verbundenheit nur auf unseren Seelenpartner begrenzen, verpassen wir unsere größte Chance. Ich habe oft das Gefühl, durch meine Liebe zu Guido und die Liebe, die er mir schenkt, in einem solchen Überfluss von Liebe zu baden, dass ich sie auch an die Welt, an andere Menschen verschenken kann. Es ist, als würden sich meine Liebe und Guidos zusammen um ein Vielfaches potenzieren.

Wenn du einen Menschen so sehr liebst, kann dich die Größe dieser Liebe in die göttliche Liebe katapultieren. Ich hatte Momente, in denen ich Guido so sehr liebte, dass ich das Gefühl hatte, dass sie zu groß für meinen Körper, für ein menschliches Wesen, ist. Ich hatte Angst, mein Körper könne gefühlt vor lauter Liebe platzen.

Ich blieb ruhig und beobachtete nur, was passierte: Diese unbeschreiblich große Liebe, dehnte sich über meinen Körper in die Unendlichkeit aus. Mein Körper platze allerdings nicht (grins). Die Intensität der Liebe bereitete, entgegen meiner Befürchtungen, keinen Schmerz. Sie verwandelte sich in höchstes Glück. Einen Menschen zu lieben mit jeder Faser deines Körpers, kann dich eine ganz andere Dimension von Liebe erfahren lassen.

Dort, wo die Liebe über dich und deinen Körper hinausgeht, entfaltet sie ihre Flügel

Dort kennt sie keinen Schmerz. Dort ist sie noch unschuldig, grenzenlos und frei. Wann immer du Liebe spürst, gib dich der Liebe und ihrer Weisheit hin. Vertraue ihr dein Leben an. Wenn du zu der Liebe in ihrer Reinheit zurückfinden willst, musst du manchmal mutig sein und unbekannte Wege beschreiten, Wege, die nicht jeder nachvollziehen kann. Denn wie sollen dich andere verstehen, wenn die meisten von ihnen nicht wissen, worum und wie es geht.

Mein einziger Kompass ist schon immer das Gefühl des Einssein, der Liebe und des stillen Glücks. Wenn ich Verführungen unterliege, erinnere ich mich immer an den Ursprung und frage mich: Hält das, was ich gerade denke und fühle, dem Höchsten stand? Dann erkenne ich, dass nicht alles Gold ist, was ich vorübergehend für wahr halte. Ich bedarf immer wieder meiner Korrektur. Wahre Erfüllung liegt nur in diesem tiefen Frieden, diesem stillen Glück. Kein Reichtum, kein Erfolg, kein Ruhm, kein Geld dieser Welt kann dem auch nur im Ansatz das Wasser reichen.

Auch in verschiedenen spirituellen und religiösen Traditionen finden wir Wurzeln des Einsseins. In der hinduistischen Philosophie werden wir als untrennbar von dem kosmischen Bewusstsein, dem „Brahman“, betrachtet. Die buddhistische Sichtweise von Leerheit beschreibt, dass alles, was existiert, letztendlich ohne eine permanente, eigenständige Identität ist. Der Buddhismus betont auch die Illusion der Trennung und die Notwendigkeit, diese Täuschung zu durchbrechen, um ein tieferes Verständnis der Realität zu erlangen. Um zu verdeutlichen, dass wir nicht vom Göttlichen getrennt sind, sondern mit ihm eins, heißt es in der christlichen Lehre: „Ich und der Herr (sprich Gott) sind eins.“

Wenn wir uns nicht mehr als getrennte Individuen sehen, sondern als Teil eines größeren, harmonischen Ganzen, erkennen wir, dass all unsere Ängste, Sorgen und Konflikte aus der Illusion der Trennung und des Mangels entstehen. Erleuchtete Partnerschaften, Partnerschaften in der neuen Zeit, bewegen sich überwiegend in einem höheren Bewusstsein. Sie bewegen sich in der höheren Oktave der Liebe und sind von Verständnis, Mitgefühl, Wohlwollen, Güte und oftmals auch von einer gemeinsamen Mission bestimmt. Natürlich gibt es auch bei ihnen Momente der Wut und des Streits. Aber die Hauptenergie bewegt sich in positiven Bewusstseinsebenen.

Viele Seelenpartner habe eine gemeinsame Lebensaufgabe

Diese gemeinsame Mission kann spiritueller, humanitärer, kreativer oder beruflicher Art sein oder andere Formen des Dienstes annehmen. Wenn Seelenpartner eine gemeinsame humanitäre Mission haben, können sie sich gemeinsam für wohltätige Zwecke engagieren. Sie betätigen sich ehrenamtlich in gemeinnützigen Organisationen oder stellen Projekte auf die Beine, die einen positiven Einfluss auf die Gemeinschaft haben.

So haben Guido und ich gemeinsam mit Freunden auf Bali ehrenamtlich einen gemeinnützigen Verein gegründet, der armen balinesischen Familien und Kindern eine bessere Zukunft ermöglicht (www.foerdervereinbali.de). Trotzdem steht bei uns eine gemeinsame wohltätige Mission nicht im Vordergrund. Unsere ist, ein neues Bewusstsein, Liebe und Mitgefühl in die Welt zu bringen.

Liebe in die Welt zu bringen, kann eine Bestimmung von Seelenpartnern sein. Denn Seelenpartner sind in der Regel sehr friedvolle und liebende Seelen. Vor allem ist ihre Partnerschaft, allein durch ihre Existenz, absichtslos ein Beispiel der Liebe und der Hoffnung. Immer wieder haben sich Menschen bei uns bedankt und zu uns gesagt: „Ich bin dankbar, dass ich euch begegnet bin. In einer Welt, in der fast jeder Zweite oder Dritte geschieden ist, hat mir eure über 35-jährige Liebe gezeigt, dass es auch anders geht. Ihr macht mir Mut und gebt mir Hoffnung." Wir beide haben das zunächst überhaupt nicht verstanden. Denn wir haben ja gar nicht Besonderes gemacht. Allein mit einer glücklichen Beziehung könnt ihr ein Beispiel für Liebe und Fürsorge, ein Segen für andere Menschen sein.

In manchen Seelenpartnerschaften äußert sich die gemeinsame Aufgabe darin, kreative Projekte zu realisieren. Die Partner kombinieren ihre kreativen Talente, um Kunstwerke, Musik, Literatur oder andere kreative Ausdrucksformen zu schaffen.

Manche Seelenpartner haben auch eine gemeinsame berufliche Aufgabe. Sie ergänzen sich hervorragend und können außerordentlich erfolgreich sein. Sie können einander vertrauen, ihre Energien sehr gut fokussieren und erreichen dadurch mehr als andere. Sie sind in der Regel weniger von Konkurrenz als andere Geschäftspartner geprägt und verfolgen gemeinsame Ziele. Oftmals arbeitet einer von beiden erfolgreich als Unternehmer, Rechtsanwalt, Arzt oder spiritueller Lehrer, während der andere Partner ihn im Hintergrund unterstützt. Gemeinsam bilden sie die perfekte berufliche Einheit.

Leider geht aber der Dienst des Partners im Hintergrund und sein Beitrag am Erfolg oftmals etwas unter. Gerne wird übersehen, dass der Partner im Vordergrund ohne den im Hintergrund nie so erfolgreich wäre. Wichtig ist, dass sich der Partner im Vordergrund immer bewusst ist, dass er all das allein nicht hätte vollbringen können, und den Partner im Hintergrund wertschätzt.

Andere Paare mit einer gemeinsamen beruflichen Mission stehen beide gleichermaßen im Vordergrund. Beide haben eigene Aufgaben, die sich perfekt miteinander verbinden und ergänzen. Guido und ich gehen beruflich unterschiedliche Wege. Und das ist auch gut so. Guido hat Betriebswirtschaft studiert, arbeitet als Senior Manager in Finance und Controlling. Ich empfinde das als wundervollen Ausgleich. Mit ihm kann ich über Unternehmertum, Finance, über ganz andere Themen reden, die mich sehr interessieren.

In der Freizeit interessiert mich Spiritualität gar nicht. Für mich ist Spiritualität so selbstverständlich wie die Luft zum Atmen. Sie ist in meiner DNA. Ganz natürlich erforsche ich das Leben und die Menschen. Ich lese keine Bücher zum Thema Spiritualität, sondern meist zu wirtschaftlichen und finanziellen Themen. Gerne lese ich auch

Biografien interessanter Menschen, durch die ich in eine ganz andere Art von Leben eintauche.

Mit Guido teile ich meine Liebe zu den Bergen, zu Bali, zum Wandern, zum Almleben, zum Sport, zum Tanzen, zum Abenteuer, zum Reisen und Erforschen der Welt.

Nicht alle Seelenpartner teilen eine berufliche Mission, eine kreative oder humanitäre. Manchmal ist es auch einfach eine gemeinsame Grundhaltung dem Leben gegenüber, die beide verbindet. Eine gemeinsame Lebensaufgabe kann allerdings in einer Seelenpartnerschaft für eine besonders tiefe Verbundenheit sorgen und die Beziehung sehr bereichern.

Aber wir alle können und müssen auch allein unserer Bestimmung folgen. Wir sind nicht umsonst mit bestimmten Fähigkeiten und Talenten ausgestattet. Wir alle haben eine Aufgabe. Wir alle haben der Welt und anderen etwas zu geben. Es ist gut, um unsere größere Bestimmung zu wissen, zu wissen, warum wir hier sind. Wir haben eine Verpflichtung dem Leben und anderen gegenüber, unsere Talente zu entfalten und anderen zur Verfügung zu stellen. Und das, was wir der Welt schenken, macht nicht nur andere glücklich, sondern auch uns selbst.

Wie gelebte Spiritualität in einer Partnerschaft aussehen kann

Manche Seelenpartner gehen bewusst gemeinsam einen spirituellen Weg. Beide lesen spirituelle Bücher, meditieren, sind tief religiös verankert, beten regelmäßig gemeinsam oder praktizieren Yoga. Beide bemühen sich aktiv um spirituelles Wachstum. Manchmal sogar gemeinsam als spirituelle Lehrer oder Coaches.

Guido hatte nie von selbst ein starkes spirituelles Interesse. Er hat weder entsprechende Bücher gelesen, außer die von Carlos Castaneda, noch Seminare besucht. Wir meditieren beide auch nicht. Ich hatte immer das Gefühl, dass der Zustand, den Menschen in Meditation suchen, ganz natürlich in uns angelegt ist. Wenn wir uns unserem göttlichen Ursprung zuwenden, brauchen wir gar keine Meditation.

Dann wird unser ganzes Leben zu einer lebendigen, lustigen, freudvollen und bodenständigen Meditation – einfach zu einem erfüllten, glücklichen Leben. Dennoch kann Meditation für viele Menschen sehr hilfreich sein. Nichts gegen Meditation – im Gegenteil.

Meine eigene Spiritualität war durch hellsichtige Träume, Erfahrungen purer Liebe, der Erinnerung an körperloses Dasein und andere Ebenen des Bewusstseins immer von selbst sehr tief. Ich lebe einfach mein Leben und untersuche zeitlebens ganz bodenständig, was uns leiden lässt und was uns glücklich macht. Ich habe die natürlichen Gesetzmäßigkeiten des Lebens erforscht und war schon immer ein wenig allergisch gegen spirituelle Theorien und Konzepte. Zu viel Gerede um Spiritualität gehe ich aus dem Weg. Denn all das kann uns genauso in die Irre führen, engstirnig machen und wahrer Spiritualität im Weg stehen, wie zu stark im Materiellen verhaftet zu sein.

Deswegen mache bitte aus allem, was ich hier schreibe, auch kein Konzept. Ich versuche nur etwas in Worte zu fassen und in Form zu bringen, was eigentlich keiner Worte bedarf: die Liebe. Höhere Ebenen des Bewusstseins sind oft formlos und so groß und unendlich, dass sie mit Worten nicht zu beschreiben sind.

Obwohl Guido sich bewusst nicht mit Spiritualität beschäftigt, kann ich mit ihm über meine Erfahrungen sprechen. Niemand versteht mich so gut wie er. Wir spülen oder kochen gemeinsam und ich spreche mit ihm über eine tiefe Erfahrung. Er bewertet sie nicht über und macht sie auch nicht klein. Er sagt vielleicht etwas dazu und dann spülen wir weiter. Mit ihm kann meine mitgebrachte Spiritualität natürlich und unschuldig bleiben. Einen Mann ohne eine Offenheit für die innere Welt, für das Göttliche hätte ich nicht heiraten können. Uns beiden ist unser innerer Austausch, die innere Tiefe sehr, sehr wichtig. Gerade, dass Guido nicht spirituell infiltriert ist und auf eine gute Art unschuldig, macht unseren Austausch so wertvoll. Mit ihm kann ich tiefe Gespräche führen, auf den Berg oder in schicker Abendkleidung auf einen Silvesterball gehen und auf Rock- und Popmusik stundenlang tanzen. Ihm ist wie mir keine Welt fremd, Bauern, Promis, Ökos oder Unternehmer. Wir bewegen uns in allen Welten. Denn hinter aller Vielfalt ist nur EinSein.

Abschließend ist mir noch einmal wichtig zu betonen, dass wir die Verbindung nicht nur durch einen Seelenpartner erfahren können. Wichtig ist, dich eins mit dem ganzen Universum, dich in ihm geborgen und zu Hause zu fühlen. Dein Seelenpartner kann sterben oder sich neu verlieben. Was aber immer bleibt und nie stirbt, ist deine Seele, die Geborgenheit im Ewigen Unsterblichen, das Ruhen in der Liebe, in stillem Glück.

Wie führst du eine langjährige glückliche Partnerschaft?

Das größte Geheimnis einer glücklichen Partnerschaft ist die Liebe selbst und deine Fähigkeit, ihr alle Macht zu geben. Die Antwort auf alle deine Beziehungsprobleme und eine glückliche Seelenpartnerschaft liegt in der Liebe. Je mehr du in Liebe bist, desto mehr wird deine Beziehung von Liebe getragen sein. Gib all deine Liebe in eure Beziehung. Wenn du liebst und Liebe verschenkst, machst du von selbst alles richtig.

Gerne teile ich hier mit dir weitere Geheimnisse, die ich als zentral für eine glückliche Partnerschaft erachte.

Verbringt gemeinsam Zeit. Sorgt für magische Momente

Vermisst du in eurer Beziehung Leichtigkeit? Verlangen eure Kinder oder die Arbeit viel Aufmerksamkeit von euch, sodass euch die Zeit für eure Liebe fehlt? Viele Paare bemängeln, im Alltag keine Zeit zum Austausch zu finden, weil sie abends müde ins Bett fallen.

Ihr könnt miteinander reden, statt fernzusehen, euch dabei aneinander kuscheln oder die Hand halten. Nutzt die Zeit lieber, um in eurer Beziehung nichts auflaufen zu lassen, den Faden zueinander nicht zu verlieren. Euch gegenseitig Zeit füreinander zu nehmen, ist Grundlage für eine glückliche Beziehung. Geht miteinander essen oder tanzen, fahrt übers Wochenende weg, beginnt gemeinsam ein neues Hobby. Wenn euch eure Liebe etwas wert ist, gilt es, den entsprechenden Einsatz zu geben.

Streitereien und Auseinandersetzungen kosten euch viel Energie, während Liebe euch energetisiert und auflädt. Investiert also eure Energie lieber in die Liebe. Eine glückliche Beziehung braucht eure gegenseitige Wertschätzung. Verbringe mit deinem Partner mindestens einen Abend oder Tag pro Woche allein. Gehe mit ihm aus. Verhalte dich dabei genauso aufmerksam und charmant, als wäre es das erste Mal. Überrascht euch gegenseitig. Macht etwas Besonderes, etwas Romantisches oder Lustiges, etwas, das euch beiden guttut. Mache dich für deinen Partner schön. Nehmt euch Zeit für gemeinsame Aktivitäten, die euch Spaß machen. Zeige deinem Partner, dass er etwas ganz Besonderes für dich ist. Halte die Romantik am Leben. Schreibe deinem Partner Gedichte. Sorge für besondere, magische Momente.

Guido und ich, wir lieben es, gemeinsam essen zu gehen. Dann sind Handys meist tabu. Wir schenken einander alle Aufmerksamkeit. Manchmal steht mehr die Romantik im Vordergrund, manchmal ergeben sich besondere Gespräche. Wir lieben es auch, neue Orte zu erkunden. Die gemeinsame Zeit ist uns heilig.

Sei liebevoll im Alltag

Überrasche deinen Partner mit liebevollen Gesten. Kleine Liebesbeweise können manchmal mehr bewirken als tausend Worte. Zeigt ihm deine Liebe. Welche kleinen Gesten der Liebe machen deinen Partner glücklich? Freut sich dein Partner über Geschenke und Überraschungen? Vielleicht sammelst du dann für ihn eine Feder oder eine Muschel. Finde heraus, was deinem Partner besonders gut gefällt.

Guido ist zum Beispiel ein sehr guter Koch und drückt mir oft seine Liebe dadurch aus, dass er mein Lieblingsgericht Reiberdatschi ohne Ei, meine anderen Leibspeisen kocht und viel im Haushalt macht. Guido hingegen mag sehr gerne körperliche Nähe, die mir wichtig, aber nicht so wichtig wie ihm ist. Also umarme und küsse ich ihn öfter einmal. Ich freue mich dann selbst darüber.

Apropos Küssen: Küsse jeden Tag deinen Partner mindestens 4 Minuten lang. Das mag lustig klingen, wirkt aber Wunder. Forscher fanden heraus, dass Menschen, die sich morgens mit einem Kuss von ihren

Liebsten verabschieden, beruflich erfolgreicher sind und weniger Unfälle bauen. Wer gern und oft küsst, lebt laut Forschung außerdem fünf Jahre länger. Dass Küssen glücklich macht, liegt auch daran, dass es Hormone freisetzt, die dich in einen Rauschzustand versetzen. Besonders beteiligt sind daran Endorphine, diese Glückshormone, die für Wolke sieben, auf der wir dann schweben, verantwortlich sind. Küssen ist ein so wunderbarer und kostbarer Liebesausdruck, dass es sogar Philematologie, eine Kussforschung gibt.

Bleibe deinem Lebensplan treu

Auch wenn du dein Leben mit deinem Partner teilst, ist es für eine gute Beziehung wichtig, deiner eigenen Bestimmung, deinem Lebensplan zu folgen.

Vor allem wenn ihr Kinder habt, achte darauf, dass du dich selbst nicht aus den Augen verlierst. Das hat nichts mit Egoismus zu tun. Denn wenn du nicht glücklich bist, wirkt sich das belastend auf deine Beziehung und deine Kinder aus. Wenn du unglücklich bist, bist du außerdem schneller gereizt. Vielleicht wirfst du dann deinem Partner deine eigene Unzufriedenheit vor, obwohl dein Glück deine Verantwortung ist. Du kannst nur eine wirklich glückliche Beziehung führen, wenn du auch selbst glücklich bist.

Kennst du deine Bestimmung, deinen Lebensplan, hast ihn aber aus den Augen verloren oder bist du auf der Spur? Bist du glücklich, wenn du dich beruflich verwirklichst, oder liebst du es vielmehr, ganz für deine Kinder und deinen Partner da zu sein? Was immer dich erfüllt und glücklich macht, folge dem. Für manche Menschen ist es erfüllend, all ihre Energie ihrem Partner und ihren Kindern zu schenken und auf diese Weise zu dienen. Andere brauchen auch die berufliche Herausforderung.

Seid beste Freunde

Eine glückliche Beziehung basiert auf mehr als nur Liebe.

Für Guido und mich war schon immer unsere Freundschaft ein wichtiger Faktor. Mir ist es ganz wichtig, mich mit ihm auszutauschen, über alles zu reden, uns gegenseitig zu unterstützen und miteinander durch dick und dünn zu gehen. Guido ist mein bester Freund und ich seiner.

Seid gute Freunde, die sich vertrauen und aufeinander verlassen können. Unterstützt euch gegenseitig wie wohlwollende Gefährten. Wenn ihr euch gegenseitig helft, um gemeinsam eure Herausforderungen zu meistern, gewinnt eure Beziehung an Stabilität und Reife.

Wie kannst du eure Freundschaft noch mehr pflegen? Wie könnt ihr euch gegenseitig unterstützen, zu wachsen und weiser zu werden?

Lass Liebe zu deiner Lebenshaltung werden

Einer der wichtigsten Tipps für eine glückliche Beziehung ist, Liebe als innere Grundhaltung allen Menschen und dem Leben gegenüber anzusehen. Öffne dich für die größere, universelle Liebe, die uns alle verbindet. Liebe auch deine Arbeit, die Menschen, die dir begegnen, die Tiere und die Natur. Liebe ist so viel mehr als nur eure Beziehung.

Wenn du dich den ganzen Tag in der Liebe bewegst, sie als deine grundsätzliche Haltung ansiehst, wirkt sich auch das positiv auf deine Partnerschaft aus.

Versetze dich in deinen Partner

Du siehst die Welt durch die Linse deiner eigenen Erfahrungen, deiner Persönlichkeit und deiner Überzeugungen. Zu den wichtigsten Tipps für eine gute Beziehung gehört, dich ganz neutral in die Situation deines Partners hineinversetzen zu können. Versuche, immer auch seine Sichtweise zu verstehen. Je mehr du seine Sicht einnehmen kannst, desto besser fühlt er sich verstanden.

Fundamental ist, vor allem in Streitsituationen Verständnis für seine Position zu haben. Niemand von euch ist glücklich, wenn eure Beziehung einem Schlachtfeld gleicht. Auch wenn es dir schwerfällt, versuche dich in seine Position zu versetzen.

Dazu zählt, um deine eigenen Schwächen zu wissen und dich gegebenenfalls für unangemessenes Verhalten zu entschuldigen. Deiner Entschuldigung sollten aber auch Taten folgen. Die Größe deiner Liebe zeigt sich auch darin, deinen Stolz überwinden zu können und deinem Partner nach einem Streit die Hand zu reichen.

Tauscht euch täglich aus

Ein weiteres Geheimnis einer glücklichen Partnerschaft ist, euch darüber auszutauschen, was euch beschäftigt. Rede mit deinem Partner. Frage ihn, wo er momentan steht, was ihn sorgt und wie es ihm geht. Nehmt euch jeden Tag Zeit, um über das zu sprechen, was an dem Tag passiert ist. Achtet darauf, dass ihr den Faden zueinander nicht verliert, euer Leben teilt und euch unterstützt. Hört einander zu, sprecht über eure Gefühle und Gedanken, über das, was euch berührt.

Am besten jeden Tag. Vielleicht am Abend oder vor dem Schlafen gehen. Vor allem, wenn ihr gestritten habt. Versucht es gut sein zu lassen, bevor ihr einschlaft.

Bringt eure Bedürfnisse unter einen Hut

Viele Paarbeziehungen scheitern daran, dass jeder überwiegend nur auf die Erfüllung seiner eigenen Bedürfnisse schaut. Eure Partnerschaft wird nur dann dauerhaft glücklich sein, wenn ihr beide gerne gebt und nicht nur eure eigenen Bedürfnisse, sondern auch die eures Partners im Auge habt.

Genau daran hapert es in vielen Beziehungen. Jeder hat Angst, zu kurz zu kommen, und glaubt, um seinen Raum kämpfen zu müssen. Steig aus dem gefühlten Mangel aus.

Hirnforscher haben außerdem herausgefunden, dass wenn wir uns um das Wohlergehen anderer Menschen kümmern, uns unser Gehirn mit Glückshormonen belohnt. Eine Langzeitstudie an der Universität in Kalifornien zeigt, dass Menschen, die selbstlos anderen helfen, ihre Lebenszeit deutlich verlängern. Außerdem erreichst du mehr, wenn du deinem Partner Verständnis, Toleranz, Freundlichkeit, Zuneigung, Wohlwollen und Friedfertigkeit entgegenbringst. Dann ist die Wahrscheinlichkeit groß, dass dein Partner auch auf deine Bedürfnisse eingeht.

Es gibt Momente, in denen es wichtig ist, deine Bedürfnisse hintenanzustellen, damit dein Partner seiner Bestimmung folgen oder eine berufliche Chance ergreifen kann. Du gibst ein kleines Bedürfnis auf für das, was dir wirklich wichtig ist – eine glückliche Beziehung und das Glück deines Partners.

Zu einem anderen Zeitpunkt ist die Berücksichtigung deiner Bedürfnisse wichtig, besonders, wenn es um deine Lebensaufgabe geht. Dein Partner wird dann in einer liebenden Partnerschaft bereit sein, sein kleineres Bedürfnis nicht zu wichtig zu nehmen.

Finde eine Balance zwischen deinen Bedürfnissen und denen deines Partners. Welche Bedürfnisse zu leben, ist für dich selbst sehr wichtig? Welche Bedürfnisse kannst du für deinen Partner zurückstellen? Worüber würde sich dein Partner freuen, wenn du das für ihn tun würdest? Welche Bedürfnisse hätte dein Partner gerne erfüllt? Wie kannst du ihn unterstützen?

Verliere aber auch deine Bedürfnisse nicht aus dem Auge.

Sei deinem Partner dankbar

Sei dankbar für deinen Partner, eure Beziehung und eure Liebe. Eure Liebe ist ein Geschenk und nicht selbstverständlich. Sie ist ein Geschenk, für das es dankbar zu sein gilt. Nichts, was dein Partner dir gibt und für dich tut, ist selbstverständlich. Sei dankbar für all die Liebe, die dein Partner in dein Leben bringt.

Gib deinem Partner die Wertschätzung, die Achtung, die ihm gebührt. Achte darauf, dass euch der Respekt füreinander nicht verloren geht.

Frage dich: Wie bereichert mein Seelenpartner mein Leben? Wofür bin ich ihm dankbar? Wie kann ich ihm meine Dankbarkeit zeigen? Sage ihm, was du alles an ihm und eurer Beziehung wertschätzt. Sprich deinem Partner Lob und Anerkennung aus. Sage ihm öfter einmal, dass du ihn liebst. Mache ihm Komplimente, lobe ihn auch in Anwesenheit anderer.

Du hältst den Zauber der Liebe aufrecht, indem du deinem Partner das Gefühl gibst, etwas ganz Besonderes in deinem Leben zu sein. Ihr könnt auch jeden Abend vor dem Einschlafen ein kleines Dankbarkeitsritual etablieren, indem ihr euch gegenseitig sagt, wofür ihr einander dankbar seid.

Vermeide Streitereien und Machtspiele

Sind bei euch immer wieder einmal Streitereien an der Tagesordnung? Machst du manchmal weiter, obwohl du der Auseinandersetzungen schon lange müde bist und nicht mehr um deinen Platz, um Verständnis und Liebe kämpfen willst? Es geht nicht darum, wer stärker ist, wer sich durchsetzt. Es geht vielmehr um die Liebe und um Gemeinsamkeit.

Überwinde das Gefühl, kämpfen, streiten, recht haben und dich durchzusetzen zu wollen. Falls dein Partner wütend wird, ist es wichtig, nicht einzusteigen. Meist hilft es, einfach nicht auf seine Wut zu reagieren. Versuche, selbst wenn er dich angreift, es ihm nicht mit gleicher Münze zurückzuzahlen. Lass dich nicht provozieren. Wenn du nicht auf sein Verhalten reagierst, zerläuft seine Aggression ins Leere. Mit Freundlichkeit, Humor und einer friedvollen Geste erreichst du mehr, als wenn du in seinen Kampf einsteigst. Fühlt sich dein Partner von dir gesehen und geachtet, wird es ein Echo in ihm erzeugen. Wenn du konsequent liebevoll reagierst, kannst du fast alle negativen Gefühle zum Schmelzen bringen.

Es fällt dir leicht, liebevoll zu bleiben, wenn dir bewusst ist, dass jede wütende Reaktion von ihm ein Hilferuf ist. Gib vor allem seiner Wut keine Energie und Aufmerksamkeit. Du musst nicht auf alles reagieren. Stell dir vor, du bist Buddha, der in sich ruht und sich von all den Wellen und Bewegungen nicht irritieren lässt.

Bedenke außerdem, dass auch du deine Macken hast. Sei gütig und nachsichtig mit den Schwächen deines Partners. Wir sind alle manchmal mehr oder weniger schwierig.

Wenn du Wut spürst oder dich angegriffen fühlst und dich verteidigen willst, verordne dir am besten Schweigen. Höre sofort auf zu reden und unterdrücke all dein „Ja, aber". Einfach aufhören. Schweige. Atme ruhig, bis du merkst, dass die Wut und der Drang, deinen Partner verletzen oder dich zu verteidigen, vorbei ist.

Vielleicht kannst du den Ablauf durch eine ungewöhnliche Verhaltensweise stoppen, die dir den Ausstieg aus dem Streit erleichtert. Finde eine positive Unterbrechung, einen heilsamen Anker. Triff die Entscheidung, dass dir eure Verbindung wichtiger ist als zu streiten.

Eine Unterbrechung kann sein, dir Schweigen zu verordnen, einen Schritt rückwärts zu gehen, deine Hände auf dein Herz zu legen, dich zu fragen: Würde ich weiterkämpfen, wenn ich morgen sterben würde?

Du kannst dich auch fragen: Was ist jetzt wichtiger: die Liebe oder recht zu haben?

Wenn dir das Thema wirklich wichtig ist, sprich zu einem anderen Zeitpunkt mit deinem Partner. Bleibe aber konstruktiv, ohne Kampf, ohne Streit. Versuche vorher, auch die Seite deines Partners zu verstehen.

Wichtig ist, dass du dir bewusst machst, dass du nicht nur deinem Partner, sondern vor allem dir selbst schadest. Strebe immer eine friedvolle Lösung an. Wenn du etwas an dem Verhalten deines Partners zu kritisieren hast, achte darauf, deine Kritik wohlwollend, frei von starken Emotionen, Sarkasmus und Vorwürfen zu äußern. Sachliche

Kritik ist etwas anderes, als deinem Partner deine Verletzungen und Irrtümer um die Ohren zu hauen. Er wird deine Kritik in der Regel leichter annehmen, wenn du sie liebevoll, ruhig und in einem guten Moment äußerst.

Wenn ihr beide zu schnell eure Wut, euren Stress beim anderen abladet, entwickelt sich eine Beziehungskultur, die belastend und energieraubend ist. Irgendwann wird es zur Gewohnheit, zu streiten und wütend zu werden, eure Liebe tritt in den Hintergrund.

Streitereien grundsätzlich als normal zu erklären, finde ich fragwürdig. Verletze deinen Partner, wenn möglich, nicht. Erinnere dich daran, wie unangenehm es ist, wenn er dich verletzt. Wütend zu werden ist zwar menschlich, aber bis auf wenige Ausnahmen zerstörerisch. Zerschlage nicht unnötig Geschirr. Denn manches kannst du nicht mehr zurücknehmen oder ungeschehen machen, egal, wie sehr du es nachher bereust.

Sobald du Wut spürst, atme einen Moment tief durch. Atme und gewinne Abstand. Mache dir immer wieder bewusst, dass es dein tiefstes Bedürfnis ist, in Einklang mit deinem Partner zu leben. Finde die Wurzel deines Ärgers. Denn unter deiner Wut liegen meist Verletzungen, unerfüllte Erwartungen, Angst, Engstirnigkeit, Traurigkeit oder das Gefühl, nicht verstanden zu werden. Es ist sinnvoller und wirkt tiefgreifender, dir die Ursachen anzuschauen, als deinen Ärger zu befeuern.

Beende eure Konfrontation idealerweise, bevor sie beginnt. Versuche, den Konflikt in dir selbst zu lösen. Wenn du deine Haltung änderst, ist das Problem gelöst. Wenn du zu weit gegangen bist oder etwas falsch gemacht hast, entschuldige dich. Wenn dein Partner dich verletzt hat, verzeihe ihm. Führe alles wieder in die Liebe zurück.

Eine gute Übung ist auch: 3 Minuten lang darf jeder von euch sprechen. In diesen 3 Minuten könnt ihr alles erzählen, was euch in den Sinn kommt: Positives, Negatives, Kritisches, Liebevolles. Jeder von euch hat die gleiche Zeit zur Verfügung. Der andere hört nur zu, ohne zu unterbrechen oder zu reagieren. Als Zuhörer musst du völlig passiv bleiben und darfst nicht einmal mit dem Kopf nicken. Vielleicht musst du dir als Zuhörer Dinge anhören, mit denen du nicht einverstanden bist. Egal, was dein Partner sagt: Du schweigst. Ihr könnt auch mit einer kürzeren Zeitspanne beginnen. Das ist eine wundervolle Möglichkeit, ehrlich miteinander zu sein, ohne zu streiten.

Ein anderes wertvolles Ritual ist, gemeinsam darum zu bitten (oder zu beten), dass eure Beziehung von göttlicher Liebe beschützt und getragen wird.

Achte auf gemeinsame Werte und Ziele

Guido und ich hatten schon immer unzählige Gemeinsamkeiten. Wir lieben beide Sport, lieben es zu reisen, lieben oftmals dieselben Menschen. Wir interessieren uns beide für Wirtschaft, lieben es zu tanzen, zu wandern, das Almleben, Bali und sogar dasselbe Essen.

Wir haben dieselbe Art, mit Geld umzugehen, und haben uns noch nie wegen Geld gestritten. Unsere Übereinstimmungen sind trotz mancher Unterschiede einfach unglaublich.

Gemeinsamkeiten sind für eine glückliche Beziehung sehr wichtig. Ich freue mich jedes Mal, wenn ich Paare sehe, die gemeinsame Interessen haben und gemeinsam etwas unternehmen. Es stärkt die Beziehung und erleichtert vieles.

Habt ihr gemeinsame Ziele und Interessen? Welche wollt ihr gemeinsam verfolgen?

Das Glück deines Partners ist dir wichtig

Du möchtest, dass es deinem Seelenpartner gut geht und unterstützt ihn dabei, dass er sein Potenzial entfalten und so leben kann, wie es ihm entspricht. Das Glück deines Partners ist dir eine Herzensangelegenheit. Unterstütze ihn bei seiner persönlichen Weiterentwicklung. Unterstütze ihn bei allem, was ihn wirklich glücklich macht.

Seid ehrlich und habt keine Geheimnisse voreinander

Verberge und verschleiere nichts. Zeige dich, wie du wirklich bist. Teile all deine Gedanken und Gefühle mit deinem Partner. Sei ehrlich mit ihm. Eine glückliche Beziehung braucht Ehrlichkeit. Denn Ehrlichkeit ist die Basis für Vertrauen. Es geht nicht darum, Puderzucker auf eure Beziehung zu streuen, sondern darauf zu vertrauen, dass eure Liebe der Wahrheit standhält. Nichts ist kraftvoller als Ehrlichkeit und Wahrheit.

Sage 100 % Ja

Dich der Liebe und eurer Beziehung zu verpflichten, bedeutet, auch in schwierigen Zeiten zu deinem Partner zu stehen. Wenn du dich mit Haut und Haaren eurer Liebe verpflichtest, deinen Partner auch durch Schwierigkeiten begleitest, dann hat eure Beziehung ein starkes Fundament.

Wenn du dir bewusst bist, dass es keinen besseren als deinen Seelenpartner gibt, sage 100 % Ja zu ihm. Niemand ist besser für dich geeignet, mit niemandem bist du glücklicher. Diese höhere Verpflichtung zur Liebe, deinen Partner zu lieben, gibt eurer Beziehung größere Kraft.

Ein paar Fragen für dich:

Wie steht es um eure Liebe? Ist ein Riss durch eure Beziehung gegangen? Wenn ja, wann und warum?

Gibt es etwas, das du deinem Partner nicht verzeihen kannst?

Wie könnt ihr diese Herausforderung meistern und wieder unbelastet lieben, so wie am Anfang?

Welchen Stellenwert gibst du eurer Partnerschaft? Steht dein Partner an erster Stelle oder sind immer deine Kinder, deine Mutter, deine Freunde oder die Arbeit wichtiger?

Was liebst und schätzt du an deinem Partner?

Was hast du in ihm gesehen, an ihm geliebt, als ihr euch kennengelernt habt? Was hat den Zauber eurer Liebe ausgemacht?

Wo liegen eure Gemeinsamkeiten? Wie kannst du sie ausbauen?

„Be Love Masterclass“ mit Rabattcode!

Ich habe für dich eine sehr effektive Masterclass entwickelt, in der du von all meinem Wissen aus mehr als 20 Jahren Beziehungscoaching profitierst.

In der „Be Love Masterclass“ lernst du die richtigen Saaten zu säen, um eine erfüllte Beziehung zu führen, endlich den richtigen Partner anzuziehen und wie du deine Partnerschaft auch noch nach vielen Jahren als Geschenk erlebst. Du erfährst die wichtigsten Geheimnisse glücklicher Beziehungen und wie du mehr Leichtigkeit in dein Beziehungsleben bringst.

Du befreist dich aus Beziehungsabhängigkeiten, lernst loszulassen und verstrickst dich nicht mehr. Du lernst zu lieben und gleichzeitig stärker und unabhängiger zu werden. Du erfährst, wie du die Liebe nicht überforderst, was du tun kannst, wenn dein Partner sich nicht weiterentwickeln will oder wenn Treue ein Thema ist.

Du wirst dein Liebes- und Energielevel anheben und für herausfordernde Beziehungsprobleme einfache Lösungen finden. Du heilst schwierige Beziehungsmuster, Verletzungen und Blockaden auf einer tiefen zellulären Ebene. Du befreist dich von Beziehungsprägungen bedingt durch die Partnerschaft deiner Eltern oder Vorfahren. Du erfährst universelle Liebe und die Unterstützung des Universums. Du erlebst die spirituelle Dimension der Liebe und die Erweiterung deines Bewusstseins.

Du lernst, deine Gedanken und Emotionen zu meistern und Beziehungen so zu leben, wie es dir und deinem Wesen entspricht. Du wirst deine natürliche Macht annehmen und dich aus Ohnmachtsgefühlen lösen. Du lernst, auch mit Kritik gelassen umzugehen und wie deine Bedürfnisse erfüllt werden, ohne zu kämpfen.

In der „Be Love Masterclass“ dreht sich alles um Seelenpartnerschaften, Seelenfamilien und Seelenorte und vor allem um die höhere Oktave der Liebe.

Nutze jetzt deine Chance, dein Liebesleben tiefgreifend zu wandeln. Sichere dir jetzt hier deinen Rabatt:

http://www.barbaravoedisch.de/belove

Code - Ewige Liebe -

Ich freue mich, wenn du dabei bist.

WITH LOVE
Barbara

Danksagung

Mein größter Dank gilt meinem Mann, Guido Vödisch,
für 35 Jahre Seelenpartnerschaft,
für eine unbeschreibliche Liebe
jenseits von Worten.
Mein Dank gilt auch der göttlichen universellen Liebe
und dem Segen, in ihr ruhen zu dürfen.

Liebe Leserin, lieber Leser,

hat Ihnen dieses Buch gefallen?
Ihr Feedback, Ihre Anregungen und Ihre Kritik bedeuten uns viel, denn sie helfen uns, unsere Bücher kontinuierlich zu verbessern.

Die Meinung und Zufriedenheit unserer geschätzten Leserinnen und Leser stehen im Mittelpunkt unseres Schaffens. Ihre Gedanken sind uns wichtig.

Zögern Sie daher nicht, uns zu kontaktieren und Ihre Gedanken mit uns zu teilen. Senden Sie uns einfach eine E-Mail an:
feedback@eulogiaverlag.de

Besuchen Sie auch gern unsere Verlagsseite und entdecken Sie weitere spannende Bücher unter:
www.eulogiaverlag.de

Wir sind gespannt auf Ihre Nachricht und freuen uns darauf, von Ihnen zu hören!

Herzlichst

Ihr **Eulogia Verlag**